मोळिगे मारय्या
मोळिगे महादेवी

# मोळिगे मारय्या
# मोळिगे महादेवी

प्रो. काशीनाथ अंबलगे

लोकभारती प्रकाशन

**लोकभारती प्रकाशन**
पहली मंजिल, दरबारी बिल्डिंग, महात्मा गांधी मार्ग
इलाहाबाद-211 001

वेबसाइट : www.lokbhartiprakashan.com
ईमेल : info@lokbhartiprakashan.com

**शाखाएँ :** 1-बी, नेताजी सुभाष मार्ग, दरियागंज
नई दिल्ली-110 002
अशोक राजपथ, साइंस कॉलेज के सामने
पटना-800 006
36 ए, शेक्सपियर सरणी, कोलकाता-700 017

**पहला संस्करण :** 2020

**मूल्य :** ₹ 300



**बी.के. ऑफसेट**
नवीन शाहदरा, दिल्ली-110 032
द्वारा मुद्रित

MOLIGE MAARAYYA : MOLIGE MAHADEVI
*by* Prof. Kashinath Ambalge

ISBN : 978-93-89742-02-2

भारतीय बहुत्व संस्कृति
को

# लेखक की एक-दो बातें...

भारतीय साहित्य इतिहास के पृष्ठों में कन्नड़ साहित्य और कन्नड़ साहित्य के इतिहास में बारहवीं सदी का वचन साहित्य सच्चे अर्थों में 'स्वर्ण युग' कहलाता है। उस काल सन्दर्भ में भारतीय समाज के लगभग सभी निम्न जाति एवं निम्न वर्ग के कहलानेवाले श्रमिक वर्ग ने पहली बार अध्यात्मिक चिन्तन और सामाजोन्मुखी चिन्तन समान रूप से करते हैं। वही चिन्तन श्रेष्ठ वचन साहित्य बनता है।

वह सच्चे अर्थों में जन साहित्य इसलिए है कि यहाँ सैकड़ों की संख्या में शरण और शरणियों ने साहित्य सृजन में अपने को सामाजिक सरोकार से लगाया। ये वचन साहित्यकार पुरुष 'शरण' शिवशरण कहलाते हैं तो महिला साहित्यकार 'शरणियाँ' अथवा 'शिवशरणियाँ' कहलाती हैं। विश्व साहित्य के सन्दर्भ में ही इतनी बड़ी संख्या में महिलाओं की भागीदारी होना और पुरुषों के साथ समान रूप के स्तर पर बैठकर साहित्य का लेखन करना विरले ही देखने को मिलता है। आज लगभग आठ-नौ सौ वर्षों के बाद भी पैंतीस से अधिक शिवशरणियों का वचन साहित्य उपलब्ध होने का विचार अत्यन्त ही रोचक सांस्कृतिक महत्त्व की बात लगती है। विश्व के इतिहास में स्त्री के मानव संसाधन और उसकी अस्मिता की उपेक्षा ही की गई है। पर वचन साहित्य सन्दर्भ में स्त्री पुरुषों के साथ समान रूप से 'अनुभव मंटप' में बैठकर चर्चा-परिचर्चाओं में भाग लेती थी, अध्यात्म एवं सामाजिक समस्याओं पर वचन साहित्य की रचना करती थी। इस काल सन्दर्भ में दलितों की संवेदनशीलता भी और उनकी भावनाओं की अभिव्यक्ति भी प्रमुख रूप से कन्नड़ भाषा द्वारा होती है।

वचन साहित्य का विशेष आशय था सबको सब प्रकार की समानता, यों कहिए कि वचन साहित्य में 'समता ही एक योग है' की विचारधारा ऊँची आवाज में सुनाई देती है। वर्णव्यवस्था, जातिवाद, अस्पृश्यता का उन्होंने विरोध किया है। समसमाज का सपना उनके साहित्य की प्रमुख चेतना रही है।

यहाँ सती-पती का समान रूप से 'अनुभव मंटप' में भाग लेना और दोनों का वचन साहित्य सृजन विशेष बात है। इसे पढ़कर मुझे भी बार-बार आश्चर्य हुआ है

कि सती-पती दोनों भी सांस्कृतिक और साहित्यिक दाम्पत्य जीवनयापन करते थे और वचन लिखते थे। विश्व में सती भी पति के साथ इस प्रकार साहित्य क्षेत्र में अपनी प्रतिभा का परिचय देती है और दोनों भी एक-दूसरों के साहित्य सृजन के सहयोगी और सहायक बनते हैं, रोचक विचार है।

मैं यहाँ ऐसी चार जोड़ियों की साहित्य साधना, आदर्श दाम्पत्य, साहित्य और जीवन की सांस्कृतिक स्वस्थता के प्रति प्रतिबद्धता को लेकर चार ग्रंथों को आपके हाथों में रखते हुए अत्यानन्द का अनुभव कर रहा हूँ। ये ग्रंथ—मोळिगे मारय्या और मोळिगे महादेवी सती-पती, 'आयुदक्की मारय्या और लक्कम्मा सती-पती', 'उरिलिंग पेद्दी और काळव्वे सती-पती' एवं 'हड़पद अप्पण्णा और हड़पद लिंगम्मा सती-पती' को लेकर लिखे गए हैं। वचन साहित्यान्दोलन के परिचय की प्रवेशिका के रूप में 'प्रस्तावना' उस काल की विभिन्न परिस्थितियों की पृष्ठभूमि, वैश्विक सन्दर्भ में स्त्री शोषण का चित्रण और बारहवीं सदी के वचन साहित्य में स्त्री का लेखा-जोखा को लेकर 'सुन री सजनी', इन ग्रंथों में दाम्पत्य और पारिवारिक जीवन के आदर्श को स्वस्थ समाज के निर्माण में योगदान को समझने का प्रयास भी है और आगे चलकर शरण सती-पती का अल्प जीवन परिचय, उनका वचन साहित्य के साथ अध्ययन की रुचि के लिए इन दोनों के एकाध वचन भी अन्त में दिए गए हैं।

इस क्रम में अब आपके हाथों में 'मोळिगे मारय्या : मोळिगे महादेवी' ग्रंथ आपके साथ संवाद करने के लिए उत्सुक है।

इस ग्रंथ का प्रकाशन आदरणीय भी अशोक महेश्वरी जी की मेरे प्रति सद्भावनाओं की वजह से उनके 'लोकभारती प्रकाशन' से हो रहा है। दिल की गहराई से उनको धन्यवाद देना मेरा सांस्कृतिक कर्तव्य हो जाता है। इस कर्तव्य को स्मरण करते हुए उनको नमन करता हूँ। कर्नाटक के साहित्य लोक भी उनको धन्यवाद दे रहा है।

प्रकाशन संस्था के श्रमजीवियों के प्रति मेरा श्रद्धासुमन अर्पित है।

यहाँ स्वीकार किये गए वचनों का अनुवाद डॉ. टि.जी. प्रभाशंकर प्रेमी जी ने किया है, इसलिए उनको तहेदिल से धन्यवाद देता हूँ। बसव समिते, अरविंद जत्ती जी भी मेरे धन्यवाद के भागीदारी हैं।

**—प्रो. काशीनाथ अंबलगे**

# अनुक्रम

# वचन साहित्य : एक प्रस्तावना

## प्रवेशिका

भारतीय भाषा साहित्य में कन्नड़ साहित्य एक विशेष स्थान रखता है और इसकी श्रीवृद्धि में कन्नड़ साहित्य की विशेष देन है।

कन्नड़ साहित्य इतिहास की धारा में बारहवीं सदी का वचन साहित्य-युग सच्चे अर्थों में 'स्वर्ण युग' कहलाता है। 'वचन साहित्य', 'शरण साहित्य' नामों से भी प्रसिद्ध बारहवीं सदी के काल विशेष में कन्नड़ के कवि-कवयित्रियों ने, जो शिवशरण और शिवशरणिया कहलाते थे, कविताओं की रचना सामाजिक, आर्थिक, सांस्कृतिक और धार्मिक आन्दोलन के लिए की थी। काव्य सृजन इनके लिए साधन मात्र था, न कि साध्य।

लगभग सैकड़ों शरण कवि-कवयित्रियों ने समकालीन सन्दर्भ में व्यष्टि और समष्टि हित को समान रूप से महत्त्व देते हुए, वचन साहित्य की रचना की थी। आज लगभग सैकड़ों शिवशरण और पैंतीस से भी अधिक शिवशरणियों का वचन साहित्य उपलब्ध हुआ है।

'वचन' गद्य-पद्य का सम्मिश्रित सरल-सरस काव्य प्रकार माना जा सकता है। इसीलिए इनके साहित्य को 'वचन साहित्य' के नाम से पहचाना गया है।

इनके जीवन और लेखन, कथनी और करनी में सुन्दर समन्वय देखा जा सकता है। इसीलिए इनके काव्य में जीवन को देखने की स्वस्थ दृष्टि है। इन्होंने जो भी अनुभव किया उसे वाणी में अभिव्यक्त किया, जो भी अभिव्यक्त किया वही जीवन दर्शन बन गया। उनका जीवन दर्शन ही काव्य दर्शन था और वही उनकी जीवन शैली भी थी।

इस काल के लगभग सभी शरण रचनाकार निम्न जाति वर्ग के थे। सभी वृत्तियों के लोगों ने इस काव्य कर्म में भाग लिया था, जैसे—मोची, ढोर, धोबी, हज्जाम, लकड़ी बेचनेवाले, रस्सी बनानेवाले, किसान, नट, गायक, चावल कूटनेवाले आदि। यहाँ तक कि वेश्या सूळे (वेश्या) संकव्वे जैसी महिला भी

हृदय परिवर्तन से शिवशरणी बनी थी और उसने भी वचन की रचना की थी। इतनी बड़ी संख्या में और विशाल आयामों से आए हुए लोगों ने एक स्थान में, एक समय में, एक ही सामाजिक हित के लिए, आत्मबुद्धि एवं समाजशुद्धि के लिए मिलकर साहित्य की रचना की है जो दुनिया के सांस्कृतिक और साहित्यिक लोक में दुर्लभ उदाहरण है।

भारत के पाँच हजार वर्षों या जितना भी बड़ा इतिहास हो—के सांस्कृतिक और साहित्यिक इतिहास में सबसे पहली बार उपेक्षित वर्ग को बोलने का मुक्त अधिकार मिला और उनकी वाणी सार्थक काव्यवाणी बन गई।

एक समय में एक शेक्सपियर या वड्‌र्सवर्थ का होना, एक कालिदास या रवीन्द्रनाथ टैगोर का होना मेरे लिए या किसी भी स्वस्थ साहित्य प्रेमी के लिए—आश्चर्य की बात नहीं होनी चाहिए। यहाँ तो हर कोई महाकवि था, और कवयित्री महाकवयित्री थी।

संस्कृत से हटकर लोक प्रचलित कन्नड़ भाषा में लिखना पहली बार इन लोगों ने आरम्भ किया और विकास की दृष्टि से कन्नड़ भाषा चरम सीमा को छू गई।

कविता के उद्‌देश्य की दृष्टि से ये कवि अत्यन्त ही स्पष्ट थे। उनकी दृष्टि में कविता लोगों तक पहुँचकर उनके जीवन को ऊपर उठाने के लिए थी।

जैसा कि माओत्से तुंग ने कहा है—जिसे समूह का शिष्य बनने नहीं आता वह कभी उस समूह का गुरु नहीं बन सकता है। इन शरण-शरणियों ने आम आदमी के जीवन से बहुत कुछ सीखा था। इसीलिए इनके काव्य में आम आदमी का हृदय बोलता है और मार्गदर्शन पाता है।

स्त्री-मुक्ति, जातिवाद का नाश, धर्म के क्षेत्र में लोकतंत्र की स्थापना, श्रम-संस्कृति की श्रेष्ठता एवं सब प्रकार की समानता, कथनी-करनी का सुन्दर समन्वय, मनुष्य-केन्द्रित जीवन-चिन्तन शरण कवियों के काव्य की प्रमुख आवाज थी। समानता ही इनके लिए योग था (समते एंबुदे योग नोड।)

इसलिए विश्वास भरी एवं ऊँची आवाज में यह कहा जा सकता है कि विश्व साहित्य की पंक्ति में कन्नड़ के वचन साहित्य को खुले दिल से रखा जा सकता है।

वचन साहित्य के प्रमुख कवि हैं—बसवण्णा, अल्लम प्रभु, सिद्धराम, चन्नबसवण्णा, अंबिगर चौडय्या, नुलिय चन्दय्य, हडपद अप्पण्णा, अय्दक्को मारय्या, किन्नरी बोम्मग्य, मडिवाल माचय्य, मोळिगे मारय्य, तुरगाही रामण्ण, उरिलिंग देव, उरिलिंग पेद्‌दी, डोहर कक्कय्य, एकांतद रामय्य, नगेय मारितंदे, बहुरूपी चौडय्य, मरूळ शंकरदेव, धट्टिवाळय्य, अजगण्ण, वचन भांडारी शान्तय्य, कोलशान्तय्य, सोड्डुळ बाचरस और अन्य फुटकल शिवशरण।

वचन साहित्य की प्रमुख शरणी कवयित्रियाँ हैं—नीलांबिके, नागलांबिके, मोळिगेय महादेवी, काळव्वे आय्दक्की लक्कम्मा हडपद लिंगम्म, अमुगि रायम्म, सत्यक्क, केतल देवी, वीरम्म, दुग्गळे, गुड्डव्वे, बतादेवी, सूळे (वेश्या) संकव्वे, गगम्म, रेकम्म, मसणम्म, मुक्तायक्क आदि और कई फुटकळ शिवशरणियाँ।

किसी एक भारतीय भाषा का साहित्य ही भारतीय साहित्य नहीं अपितु भारत की किसी भी भाषा का साहित्य 'भारतीय साहित्य' ही है। वचन साहित्य की जनवादी जीवन दृष्टि का अध्ययन भारतीय स्तर पर हो और चर्चा-परिचर्चा का कारण बने—यही प्रेरणा इस ग्रन्थ की रचना के पीछे काम कर रही है।

धर्म, अध्यात्म, शिक्षा और अक्षर लोक से स्त्री वर्ग सदैव वंचित रहा है। किसी समाज और देश की अर्द्ध मानवशक्ति है वह, पर सदैव उपेक्षित। बारहवीं सदी के कन्नड़ साहित्य इतिहास में स्त्री ने अपने व्यक्तित्व की मानवशक्ति को पूर्ण रूप से पहचाना है। वचन साहित्य के माध्यम से उसने अपने स्व को अभिव्यक्त किया है। व्यक्ति और समाज के अन्तरंग-बहिरंग व्यक्तित्व को अक्षरों में उसने सुन्दर ढंग से काव्यात्मक अभिव्यक्ति दी है। सैकड़ों की संख्या में महिलाओं ने वचन साहित्य की रचना की होगी। आज लगभग नौ सौ वर्षों के बाद भी पैंतीस से अधिक महिलाओं का वचन साहित्य उपलब्ध होना कोई कम सांस्कृतिक आश्चर्य की बात नहीं है।

बारहवीं सदी की शिवशरणियों में वीर विरागिनी अक्कमहादेवी का नाम शीर्ष स्थान पर है। अक्कमहादेवी का व्यक्तित्व, बुद्धि-शक्ति, नैतिक-शक्ति, सौन्दर्योपासना की शक्ति, धर्मानुसंधान की शक्ति, अध्यात्म और प्रेमात्म की शक्ति का सुन्दर समन्वय था। सभी शिवशरणियों में अक्कमहादेवी के वचनों की संख्या अधिक है। अनुभव मंटप में वह केन्द्र बिन्दु के रूप में सबकी चहेती शिवशरणी थीं। काव्याभिव्यक्ति की महान प्रतिभा, भक्ति और विनय का उत्तुंग शिखर, असीम आत्मबल और साहस उनके व्यक्तित्व की अन्य सहज विशेषताएँ थीं।

## बहुत्व वचन साहित्य की विशेषता

बहुत्व वचन साहित्य की विशेषता है। बहुजन वर्ग के श्रमिक यहाँ साहित्य की सृजनशीलता में लगे रहे हैं। एक वचनकार लिखते हैं कि 'करोड़ों वचन लिखकर थक गया हूँ।' इतनी बड़ी संख्या में, हर क्षेत्र के श्रमिकों ने, जनभाषा कन्नड़ में, अध्यात्म और समाजमुखी चिन्तन को समान रूप से अभिव्यक्ति देने की रोचकता, यह सब कैसे सम्भव हुआ होगा?

बड़ी सूक्ष्मता से और शान्तभाव से किसी भी प्रकार के पूर्वग्रह से मुक्त होकर यदि आप समग्र वचन साहित्य का अध्ययन करेंगे तो कई रोचक विचारों से आप अवश्य ही प्रभावित होंगे। यहाँ सब वचनकारों ने चर्चा-परिचर्चाओं में भाग लिया था, भीतरी चर्चा और विमर्श एवं एक दूसरों के वचनों की चर्चा और विमर्श यहाँ हुआ है। अल्लम प्रभु को सभी गुरु समझते थे और सबने उनके ज्ञान शिखर का लाभ उठाया है। अल्लम प्रभु बसवेश्वर को गुरु कहते हैं और अपने गुरु मात्र नहीं बल्कि बसवेश्वर को तो सबके गुरु समझते हैं अल्लम। अक्कमहादेवी के वचनों की श्रेष्ठता की प्रशंसा सिद्धरामेश्वर करते हैं तो सिद्धरामेश्वर के वचनों को अक्कमहादेवी श्रेष्ठ समझती हैं। चन्नबसवण्णा तो आयु में सबसे छोटे थे पर ज्ञान की दृष्टि से सबने उनके ज्ञान को स्वीकार किया था। तात्त्विक दृष्टि से सूक्ष्म चिन्तन उनके वचनों की विशेषता रही है। वे सबको मार्गदर्शन करते थे।

प्राय: अनुभव और अनुभाव के इस प्रकार मुक्त लेन-देन से एक सामूहिक चिन्तन की गरिमा बढ़ाने का विश्व में यह एक विरल मिसाल था। विश्व में प्राय: समकालीन लेखक-चिन्तक समूह सदैव एक-दूसरों की उपेक्षा करके एक-दूसरों को पीछे छोड़ने के उदाहरण ही जीवित हैं। पर यहाँ वचन साहित्य के सन्दर्भ में प्रत्येक वचनकार दूसरे वचनकारों की प्रतिभा के विकास में पूरक रहे हैं। प्राय: इसीलिए स्वस्थ समाज के लिए स्वस्थ साहित्य के उत्पन्न की जनवादी सांस्कृतिक घटना यहाँ सम्भव होना देखने को मिलती है। इतनी बड़ी संख्या में वचनकारों की अधिक संख्या में वचनों की रचना का कारण भी यही रहा है कि इन्होंने काव्य को एक सामूहिक और सामाजिक चेतना के रूप में स्वीकार किया था।

एक यह भी विचार वचन साहित्य को लेकर मुझे बार-बार लगा है और लिख भी रहा हूँ कि यहाँ पांडित्य, प्रतिभा और काव्य की सृजनशीलता का बहुत बड़ा विकेन्द्रीकरण हुआ था। जानवर चरानेवाला दनगाही रामण्णा (जानवर चरानेवाला रामण्णा) एवं सूळे संकव्वे (वेश्या संकव्वे) तक ने वचन काव्य की रचना की थी। इनको किसी भी समाज का अन्तिम नागरिक कह सकते हैं। सृजनशील अभिव्यक्ति में इनकी भागीदारी ने वचन साहित्य के स्तर को ऊँचा स्थान दिया है। यहाँ संस्कृत ही श्रेष्ठ नहीं है बल्कि जनभाषा कन्नड़ भी श्रेष्ठ है। पंडित वर्ग को ही लिखने का अधिकार नहीं है बल्कि कोई श्रमिक भी श्रेष्ठ साहित्य लिख सकता है। कोई विश्वविद्यालय अथवा स्थापित विद्याकेन्द्र या राजाश्रित विद्वान मंच ही श्रेष्ठ नहीं है बल्कि प्रतिदिन अनुभव मंटप में सब बैठकर जो चिन्तन-मंथन करते हैं वही श्रेष्ठतम तत्त्व दर्शन है, साहित्य दर्शन है और जीवन दर्शन है।

वचन साहित्य सन्दर्भ की एक रोचक विशेषता की ओर भी पाठकों का ध्यानाकर्षित करने की मेरी इच्छा हो रही है। यहाँ शासक श्रमिक बनने के लिए बड़े उत्सुक हैं। कश्मीर के राजा और उसकी पत्नी अनुभव मंटप के सदस्य बनकर अध्यात्म और सत् चित् आनन्द की प्राप्ति के लिए कल्याण आकर मोळकेरी नामक गाँव में रहकर, लकड़ी जंगल से लाते थे और बेचकर कायक से जीवनयापन करते हुए शरण संकुल के चिन्तन में भागीदारी करते थे। बसवेश्वर बिज्जळ राजा के यहाँ भंडारी थे और शाम तक कर्तव्य कर राजपोशाक शाम को निकालकर रखते थे एवं सरल शरण वेशभूषा में अनुभव मंटप की ओर चल पड़ते थे।

उरिलिंग पेद्दी एक बहुत बड़े मठ के मठाधीश थे, कई मठ इनके अधीन में थे। पर इन सबको त्यागकर उरिलिंग पेद्दी कल्याण की ओर पत्नी के साथ चल पड़ते हैं और एक सरल कायक करते हुए अनुभव मंटप में प्रभाग लेते हैं। यह इस जनवादी जनहित दृष्टि देने की स्वस्थ नजरिया वचन साहित्य की रही है। इसीलिए इसका विस्तार बड़ा है, भाषाभिव्यक्ति की शक्ति गहरी है, सदैव जीवन के स्तर को ऊपर उठाने के लिए वचन साहित्य जागरूक एवं प्रतिबद्ध है।

वचन साहित्य विधा पर अभी भी दो-चार विचार विस्तार कर सकते हैं। बारहवीं सदी के वचन साहित्य सन्दर्भ का 'वचन' एक विशेष प्रकार की 'काव्य विधा' है। वचन 'पद्य प्रकार' तो है पर इसे सरलता, सरसता और संक्षिप्तता के साथ सरस गद्य लय में रचित 'गपद्य' रूप कहा जा सकता है। वचन के रचनाकार 'वचनकार' और 'वचनकार्ती' कहलाते हैं। यह भक्त और भगवान के बीच संवाद है पर सदैव यहाँ सामाजिक चेतना जागृत है। हर वचनकार सामान्यत: अपना नाम नहीं, बल्कि अपने आराध्य देव का नाम वचनांकित के रूप में रखता है। उदाहरण के लिए बसवेश्वर का वचनांकित है 'कूडलसंगमदेव', अल्लम प्रभु का 'गुहेश्वर', अक्कमहादेवी का 'चन्नमल्लिकार्जुन' इत्यादि।

'वचन साहित्य' की यह भी विशेषता है कि किसी एक युग में एक ही काल सन्दर्भ में इतनी बड़ी संख्या में वचनकारों ने वचन साहित्य की रचना की है। वह रचना चर्चा-परिचर्चा केन्द्रित है। 'अनुभव मंटप' में जो 'अनुभाव मंटप' भी था, सब शरणकुल जमा होते थे और अध्यात्ममुखी और समाजमुखी चर्चा करते थे और उसका सृजनशील उत्पन्न होता था 'वचन साहित्य'। इन वचनकारों में राजा और रंक, मंत्री और दंडनायक, जुलाहे, धोबी, नाइंद, व्यापारी, बढ़ई, किसान, मजदूर, चावल बीननेवाला, झाड़ू लगानेवाला, स्त्री-दलित सब समाहित थे।

बहुत्वमुखी कवि लेखक बहुत्वमुखी चिन्तन वचन में अभिव्यक्ति देते थे। कहा गया है कि लगभग 300 से अधिक वचनकार एवं 35 से अधिक वचनकार्तियाँ रही होंगी। इनका तात्त्विक विचार प्रधानत: भक्ति-कायक-दासोह-समानता केन्द्रित था। इसका विस्तार 'वचन' में एकेश्वरवाद जगत सत्य है, जगत शिवमय और कल्याण मार्ग का कार्यागार है, जातिवाद और अस्पृश्याचरण का खंडन, समानता की ऊँची आवाज में प्रतिपादन, दैहिक परिश्रमप्रधान सत्य शुद्ध उद्देश्यों का कायक, गृहस्थ जीवन साधना मार्ग में बाधक नहीं, स्त्री को समान और गौरवपूर्ण स्थान और उसके अस्तित्व का पूर्णरूपेण स्वीकार, कथनी-करनी में समानता, कर्मकांड और यज्ञ यागादि का निराकरण, अन्धविश्वास का खंडन, संग्रह प्रवृत्ति की दुराशा का दूरीकरण इन विषय विचारों के चौतरफा घूमते-फिरते रहता है वचन साहित्य। 'वचन' रचना द्वारा कन्नड़ भाषा की अभिव्यक्ति शक्ति का विकास चरम बुलंदी का स्पर्श करता है। इनके वचन साहित्य में 'व्यष्टि-समष्टि' का सुन्दर समन्वय सदैव उपस्थित है। समाजोद्धार के लिए वचन साहित्य है, वचन साहित्य सोद्देश्य है, जनहित में है।

## विश्व के साहित्य पाठक : कन्नड़ वचन साहित्य की ओर...

कन्नड़ के वचन साहित्य की साहित्यिक और सामाजिक शक्ति सर्वोपरि है। विश्व के साहित्य पाठकों को विशेष रूप से अपनी ओर आकर्षित करने के कई स्वभाव गुण इसमें निहित है। इस साहित्य के बहुत्व गुण अन्य भाषा साहित्य में देखने को नहीं मिलेगा।

लगभग तीन सौ से अधिक श्रमिक वर्ग के कवि कवयित्रियों ने यहाँ वचन नामक काव्य की रचना की है, साहित्यिक चिन्तन किया है, साहित्य और सामाजिक आयामों के समन्वय का स्वस्थ विवेचन इन्होंने प्रस्तुत किया है। कई रीतियों की असमानताओं के समाज को 'समता ही एक योग है' जैसे सार्वकालिक महत्त्व की घोषणा और लेखन इनका रहा है।

महिलाएँ इस दुनिया में सदैव ही उपेक्षित रही हैं, उनको सामाजिक भागीदारी से दूर रखा गया, अत: साहित्य एवं सांस्कृतिक लोक में हासिये पर रही हैं वह। पर इस वचन साहित्य के सन्दर्भ में महिला अपने व्यक्तित्व विकास की बुलंदी पर पहुँच चुकी थी, ऐसा लगता है। आज लगभग नौ सौ वर्षों के बाद पैंतीस से अधिक वचनकार्तियों का वचन साहित्य उपलब्ध होना परमाश्चर्य तो है ही, और यह सुनकर दु:ख भी होता है कि वैश्विक साहित्य सिनारियो में इसका उल्लेख उपलब्ध नहीं है। अनुभव और अनुभाव, साहित्य में सृजनशीलता और चिन्तन

मंथन, पुरुष वर्ग के वचनकारों के साथ स्त्री का समान रूप से लिखना उठना बैठना, पुरुष वर्ग को कई सन्दर्भों में नीतिपाठ करके मार्गदर्शन करना विशेष विचार है। इन वचनकारों ने अध्यात्म, समाजमुखी चिन्तन के लिए, काव्य और भाषा की सूक्ष्मताओं की चर्चा-परिचर्चाओं के लिए एक 'अनुभव मंटप' (Intellectual Parliament) की स्थापना की थी। उसकालीन सब शरण संकुल में महाप्रतिभावान घुमक्कड़ फक्कड़ जंगम (चलनशील) जीवी अल्लम प्रभु को अनुभव मंटप की अध्यक्षता का स्थान दिया गया था। अनुभव मंटप के सदस्यों के लिए यह अनिवार्य था कि हर किसी को कोई न कोई कायक करना चाहिए। आजीविका के लिए दिन भर सत्य शुद्ध कायक (परिश्रम) करो और शाम को अनुभव मंटप के चिन्तन में सक्रिय भागीदारी करो। हर एक सदस्य को अपने व्यक्तित्व में 'समानता के तत्त्व' को समझना अनिवार्य है। तो विश्व के साहित्य पाठक इसे पढ़ना क्या पसन्द नहीं करेंगे? मैं समझता हूँ कि विश्व के हर पाठक को जो साहित्य में रुचि रखता है यहाँ रोचक अनुभव होगा। उनके इस साहित्य के आमने-सामने होने से व्यक्तित्व में अल्प मात्र तो हलचल होगी।

ऐसा एक वास्तविक वैश्विक अनुभव सुनाने के लिए भी ऐसी प्रस्तावना की बातें कर रहा हूँ। मेरा एक लेखक मित्र है प्रो. टी.वी. कट्टीमनी जो आज एक अन्तर्राष्ट्रीय आदिवासी केन्द्रीय विश्वविद्यालय के कुलपति भी हैं। अपनी एक सांस्कृतिक आदान-प्रदान की योजना में वे बेल्जियम गए थे और एक विश्वविद्यालय में कन्नड़ साहित्य पर बोलने के लिए उनसे विनती की गई थी। उनके भाषण के अन्त में सामने बैठी एक युवा महिला पत्रकार प्रश्न करती है कि What do you mean by 'इस्टलिंग'? 'कायक' 'दासोह' का क्या अर्थ है? विस्तार से समझाने की विनती करती है। किसी प्रकार इन्होंने समझाया और कार्यक्रम के बाद चायपान के सन्दर्भ में उस महिला से पूछते हैं कि 'आप इस इस्टलिंग, कायक, दासोह के सम्पर्क में कैसे आईं?' वह कहती है कि मैंने बनारस में ये किताबें देखी थीं—'बारहवीं सदी की कन्नड़ कवयित्री अक्कमहादेवी और स्त्री विमर्श', 'बारहवीं सदी की कन्नड़ कवयित्रियाँ और स्त्री विमर्श'। देहली में 'राधाकृष्ण प्रकाशन' से मैंने ये किताब परचेज किया है।

आज भारत के बाहर सैकड़ों देशों में हिन्दी विभाग है और लोग इसमें रुचि लेकर हिन्दी पढ़ रहे हैं। भारत को जानने के लिए भी वहाँ उत्सुकता है। यह आज की वैश्विक, सांस्कृतिक एवं भाषाई स्थिति-गति है।

उस महिला के संवाद को लेकर डॉ. कट्टीमनी जी लिखते हैं कि 'हमारे बसवण्णा और अक्कमहादेवी ने यूरोपीय पाठकों के चित्त में हलचल कर दिया है। अंबलगे एक 'अनिवार्य आदत' की तरह हिन्दी में वचन साहित्य पर लिख

रहे हैं। मुझे बेहद खुशी होती है कि वचन साहित्य को वैश्विक मंच पर पहुँचाने का सार्थक काम हो रहा है। वचन साहित्य में वैश्विक मंच से पढ़े जाने की शक्ति भी है।'

मुझे वचन साहित्य पर हिन्दी में काम करते समय यह विचार एक ऑक्सीजन की तरह प्रेरित करता है। तेजस्वी ने कर्नाटक साहित्य अकादमी से प्रकाशित किताब में 'अंबलगे के हिन्दी लेखन' जैसा एक लेख भी लिखा है।

इन बातों का जिक्र मैं यहाँ इसलिए भी कर रहा हूँ कि हमें यह भलीभाँति पता चले कि विश्व साहित्य के मंच पर वचन साहित्य उपलब्ध हो।

# विभिन्न परिस्थितियाँ

## राजनीतिक

लगभग ग्यारहवीं सदी से उत्तर भारत की राजनीतिक परिस्थितियों में तीव्र परिवर्तन दिखाई देते हैं। इसी प्रकार दक्षिण भारत में भी विशेष राजनीतिक उथल-पुथल दिखाई देती है।

कन्नड़ के बरावी और शिवशरणों के वचन साहित्यकालीन राजनीतिक परिस्थितियों का महत्त्व इनके साहित्यिक और धार्मिक-सामाजिक क्रान्ति के कारण से ही बढ़ जाता है।

सन् 1105 से 1350 तक के दो सौ वर्ष के कर्नाटक के इतिहास में प्रारम्भिक सौ वर्षों के प्रथम काल की महत्त्वपूर्ण घटना है—कल्याण के चालुक्य वंशीय राजाओं का पतन और कलचूरी राजा बिज्जळ की उन पर विजय।

इनका शासन काल अत्यन्त ही छोटा था। कलचूरी राजा बिज्जळ के शासनकाल में कोई शान्ति-समृद्धि या स्थिरता नहीं थी। इनके शासन का महत्त्व बसव और अन्य शरणों के साहित्यिक, धार्मिक और सामाजिक क्रान्ति का कारण था। मात्र शरणों के धार्मिक और साहित्यिक कार्यों से इतिहास में बिज्जळ का अध्ययन हुआ करता था।

बसवेश्वर, बिज्जळ के मंत्री थे और साथ ही वचन साहित्य की रचना धार्मिक एवं सामाजिक परिवर्तन के लिए करते थे।

## धार्मिक

कर्नाटक में बसवेश्वर और अन्य शिवशरणों की पूर्वकालीन धार्मिक परिस्थिति अत्यन्त ही हीनावस्था में थी। धर्म में कई प्रकार की ऊँच-नीच की भावना थी। धर्म मानवीय भावनाओं को त्यागकर संकीर्ण बन गया था। कई प्रकार के धर्म-उपधर्म की गलियों में मनुष्य भटका हुआ था। धर्म के नाम पर सामान्य लोगों का शोषण

हुआ करता था और कई प्रकार के अत्याचार, अन्याय और बलि आदि धर्म की आड़ में चलते थे। जाति-उपजातियों में संघर्ष सामान्य बात हो गई थी। समाज ब्राह्मण, क्षत्रिय, वैश्य और शूद्र जैसे वर्गों में विभाजित था। उच्च जाति के ब्राह्मण अपने आपको धर्म का ठेकेदार समझते थे और दूसरों का शोषण करते थे। तद् युगीन सब प्रकार की सुविधाएँ ब्राह्मणों के यहाँ केन्द्रित थीं। इसीलिए अनिष्ट जाति पद्धति के मूल वर्ण को बसवण्णा ने चुनौती दी और कहा कि उद्योगों के अनुसार आदमी को पहचाना जाना चाहिए :

> 'वर्णानां किं प्रयोजनं?' इसीलिए / लोहा गरमाया लोहार कहलाया / कपड़ा धोया धोबी कहलाया / सूत ताना जुलाहा कहलाया / वेदपाठ किया विप्र कहलाया, जग में कान से कोई पैदा हुआ है?

शूद्रों का जीवन तो पशु-पक्षियों से भी गिरा हुआ था। अस्पृश्य गाँव से हटकर दूर झोंपड़ियों में रहते थे। इनको घंटी बजाते हुए गाँव में प्रवेश करना पड़ता था ताकि उच्च वर्ग के लोग इनकी छाया से भी बच सकें। उच्च जाति के लोगों की वाणी ही दूसरों के लिए धर्म था, और कोई प्रश्न भी नहीं कर सकता था। लोगों के धर्माचरणों में धर्म की बातें कम और श्रद्धा अधिक थी। धर्म के नाम पर वामाचार अत्यन्त ही असह्य था। अन्धश्रद्धाओं में जकड़े लोगों की मानसिकता की ओर डॉ. पि. बि. देसाई ने इशारा किया है कि :

'Religion, religious dogmas, religious observances and superstitions held men and their minds under their firm grip. Vedic Sacrifices were performed and animals were Immolated'.

लोग यह मानते थे कि गाँवों की चारों दिशाओं में अनिष्ट शक्तियाँ वास करती हैं और इनकी असन्तुष्टि के कारण बीमारियाँ फैलती हैं। इसलिए इन्हें प्रसन्न करने के लिए लोग, दर्गम्मा, कबम्मा, चौड़म्मा आदि ग्राम देवताओं की उपासना करते थे। इनको प्रसन्न करने के लिए पशुबलि चढ़ाना, अग्नि पर चलना और इनके लिए जात्रा महोत्सव करना आदि अन्ध श्रद्धाओं से मनुष्य घिरा हुआ था। इन शक्ति-देवियों के उत्सवों में पशुबलि, स्त्रियों की नग्नसेवा और कहीं-कहीं तो नर बलि भी दी जाती थी।

मूर्तिपूजा की प्रधानता थी इसलिए असंख्य मन्दिर और मठों के निर्माण हुए धार्मिक जीवन में पुजारियों की प्रधानता थी। मन्दिरों में धर्म की साधना नहीं बल्कि ऐश की आराधना होती थी। ये शोषण और धनार्जन के केन्द्र बन गए थे। अपना-अपना स्वार्थ साधने के लिए उच्च जाति के लोगों ने मन्दिरों का पूरा-पूरा दुरुपयोग किया। देवदासी पद्धति प्रचलित थी। देवदासियों ने देवताओं को नृत्य

चढ़ावे के स्थान पर पुजारी और उच्च जाति के लोगों को अपना शरीर दिया। इसीलिए बसवेश्वर ने मन्दिर निर्माण का विरोध किया होगा :

*धनवान शिव मन्दिर बनवाते हैं,*
*मैं गरीब, मैं क्या कर सकता हूँ।*
*मेरे पैर ही मीनार, शरीर ही मन्दिर,*
*शिर ही सोने का मुकुट है,*
*कूडल संयमदेव! जड़ नाशमय है चेतन अविनाश है।*

लेकिन कुछेक मठ-मन्दिरों ने सांस्कृतिक केन्द्र बनकर शिक्षा-प्रसार का काम किया लेकिन अधिकांश मठ-मन्दिर और तीर्थ अन्धभक्ति, अज्ञान और शोषण के केन्द्र थे। वेदशास्त्र का अध्ययन भी स्वार्थ साधने के लिए हुआ करता था। उनके यथार्थ ज्ञान से सामान्य लोगों को दूर रखा गया था। पशुबलि और जड़ कर्मकांड के वेदशास्त्रों का खंडन इन शिवशरणों ने इसीलिए किया है।

सैकड़ों देवों की आराधना में फँसे हुए मनुष्य की बुद्धि पर अज्ञान की चादर फैली हुई थी। लोगों को अन्धविश्वास और अज्ञान के दलदल से मुक्त करने का शिवशरणों का प्रयास एक महान कार्य था।

उच्च जाति और वर्ग के लोगों ने समाज का शोषण करने के लिए धर्म को माध्यम बनाया था। वेदाध्ययन का अधिकार स्त्री और शूद्रों को नहीं था। नारी की स्थिति अत्यन्त ही दयनीय थी। वह किसी प्रकार के संस्कार के योग्य नहीं मानी जाती थी। वह भोग की वस्तुमात्र थी। होम-हवनादि अर्थहीन आचरणों की भरमार थी।

भाग्यवादी लोगों की मानसिकता यह सोचकर शान्त थी कि जो मिलता है उसे स्वीकार करना चाहिए, यह सब पूर्व जन्म का फल है। लोग शगुन-भविष्य आदि पर अधिक आश्रित थे।

जब एक समूचे समुदाय के जीवन में इस प्रकार का अज्ञान फैला हुआ हो तो उस पर विचार करना, क्रान्ति की ओर ले जाना अत्यन्त आवश्यक होता है। शिवशरणों ने समाज को इसी ज्ञान प्रकाश की ओर ले चलने का काम किया था।

## सामाजिक

शिवशरणों का पूर्वकालीन समाज अत्यन्त ही हीनावस्था में था। अशान्ति, अतृप्ति, संघर्ष और सामाजिक मूल्यों का नाश, धर्म का अध:पतन तत्कालीन समाज

का पतित रूप था। कई प्रकार की असमानताओं से समाज विषैला बन चुका था। उच्च-नीच जातियाँ, उद्योग में श्रेष्ठ-कनिष्ठ, आर्थिक दृष्टि से अमीर-गरीब, स्त्री-पुरुष भेद, और इसी प्रकार की अन्य असमानताओं से समाज रोगग्रस्त बन गया था। कथनी-करनी, अन्तरंग-बहिरंग में विभेद, स्वउद्योग में निष्ठा का अभाव और बाह्याडम्बर में जीवन व्यतीत करता हुआ, अनीतियों और धर्मान्धता के पंजे में सामान्य मनुष्य जकड़ा हुआ था। इस प्रकार समाज असन्तुष्ट था।

खेती उस युग का प्रमुख उद्योग था। लुहार, कुम्हार, जुलाहा, मोची और धोबी आदि अपने-अपने उद्योग करते थे। ये उद्योग वंश परम्परा से चल रहे थे। वैश्य व्यापार करते थे। दूसरे लोग आवश्यक वस्तु इनसे खरीदते थे।

जाति-पद्धति प्रचलित थी। ब्राह्मण, क्षत्रिय, वैश्य, शूद्र जैसे वर्ण में समाज बँट गया था। यों तो वर्ण पद्धति के कठोर नियम ढीले पड़ गए थे। और कई प्रकार की जाति-उपजातियों का निर्माण हो चुका था। ब्राह्मण इनमें उच्च क्षेत्रीय शासन के अधिकारों का अनुभव करते थे और समाज में वैश्यों और शूद्रों की उपेक्षा थी। क्षत्रियों को ब्राह्मणों से शिक्षा मिलती थी। शिक्षा, धर्म, उपनिषद और वेदाध्ययन ब्राह्मणों की सम्पत्ति बन गई थी।

चातुर्य वर्ण के अलावा एक वर्ग अस्पृश्यों का था जिनका जीवन कुत्तों से भी गिरा हुआ बन गया था। अछूतों की छाया से भी उच्च वर्ग के लोग बचते थे। उनके साथ खान-पान के सम्बन्धों की कल्पना भी नहीं की जा सकती थी। समाज के सभी वर्गों की सेवा करने पर भी गाँव से दूर झोंपड़ियों में सांसारिक सुख-सुविधाओं से वंचित होकर उन्हें रहना पड़ता था। अस्पृश्यों की स्थिति अत्यन्त ही दयनीय थी। इस अन्त्यज का तो नाम तक नहीं होता था। इस प्रकार शूद्र और अस्पृश्यों का जीवन अत्यन्त ही दयनीय और हीन था। शारीरिक दृष्टि से वे मनुष्य लगते थे पर मनुष्य की सुविधाएँ उन्हें प्राप्त नहीं थीं। इसीलिए बसवेश्वर ने स्पष्ट रूप से जाति-पद्धति का विरोध किया और कुल को निष्प्रयोजक बताया है।

ब्राह्मणों के बाद समाज में दूसरा स्थान क्षत्रियों का था। यज्ञ आदि करने, शिक्षा प्राप्त करने का अधिकार इन्हें था। मृत्युदंड से ये मुक्त थे। तीसरा स्थान वैश्यों का था। ये व्यापार करते थे। समाज में चौथा स्थान शूद्रों का था जिनका सारा जीवन उच्च जाति के लोगों की सेवा में बीत जाता था। समाज में इन्हें न कोई अधिकार था न कोई सुविधा। अन्तिम और अत्यन्त ही उपेक्षित वर्ग अस्पृश्यों का था।

इन जाति और वर्गों के अतिरिक्त कई प्रकार की जाति-उपजातियाँ बन चुकी थी। सोड्डल-बाचरस का एक वचन, यह स्पष्ट करता है कि किस प्रकार

उस युग में पुरुष के भिन्न-भिन्न अंगों से भिन्न-भिन्न जातियों की कल्पना की गई थी :

*मस्तक ब्राह्मण, नयन क्षत्रिय,*
*नाक बनिया, अधर खेतिहर*
*चोटि ब्राह्मण, नेत्र क्षत्रिय*
*नाक बनिया, अधर किसान,*
*कान ग्वाल, गर्दन कुम्हार*
*बाँहें पंचाल, हथेली गौड़ी*
*नख हज्जाम, पेट डोंब*
*पीठ धोबी, त्वचा जुलाहा।*

अन्तरजातीय विवाह का उस समाज में विरोध था। धर्मशास्त्र में विवाह की अनुलोम पद्धति की अनुमति थी। नरेशों की बहुपत्नियाँ होती थीं। प्रत्येक जाति में कई उपजातियाँ होती थीं और उन उपजातियों में ही विवाह होते थे। छोटी आयु में विवाह होते थे।

शिवशरण पूर्व युगीन समाज में नारी की अत्यन्त दयनीय स्थिति थी। वह भोग की वस्तु, पाप की पिटारी और साधना के मार्ग में बाधा डालनेवाली पापिन मानी जाती थी। उस युगीन सामाजिक व्यवस्था की विडम्बना है कि शूद्र और स्त्री किसी प्रकार के संस्कार के अयोग्य माने जाते थे, और माना जाता था कि वह किसी प्रकार के स्वातंत्र्य के योग्य नहीं। स्त्री को बाल्यावस्था में पिता पर, यौवनावस्था में पति पर, और वृद्धावस्था में पुत्र पर निर्भर रहना पड़ता था। नारी सम्बन्धी मनु का यह श्लोक प्रसिद्ध है :

*पिता रक्षति कौमारे, भर्ता रक्षति यौवने*
*रक्षति स्थाविरे पुत्रा, न स्त्री स्वातंत्र्यमर्हति।*

वैदिक और जैन धर्म स्त्री को मुक्ति प्राप्ति के योग्य नहीं मानते थे। जीवन की कोई सुविधा नारी को प्राप्त नहीं थी जो पुरुष को थी। शिक्षा से वंचित नारी को पुरुष की छाया के समान जीवन व्यतीत करना पड़ता था। सती प्रथा प्रचलित थी। अपमानजनक, उपेक्षित विधवा जीवन से ऊबकर सती होना ही वह श्रेष्ठ समझती थी। क्षत्रियों में यह पद्धति अधिक थी। स्त्री की इच्छा-अनिच्छा की उपेक्षा कर उसे मृत पति के साथ जला दिया जाता था। इस प्रकार उस समाज में हजारों बन्धनों में बँधी स्त्री सजीव शव थी। नारी को इस दलदल से मुक्त करने के लिए शिवशरणों ने स्त्री-पुरुषों की समानता की घोषणा कर दी और समग्र व्यक्तित्व विकास की सुविधाएँ उसे दी गई।

कुछेक मठ-मन्दिरों ने सामाजिक जीवन को सुखी करने का प्रयास किया था। ये सांस्कृतिक और विद्या के केन्द्र होते थे। लेकिन अधिक संख्या में मठ-मन्दिर अज्ञान, अविद्या, अन्धश्रद्धा, स्वार्थ और शोषण के केन्द्र बन चुके थे।

भेदभावना की वृत्ति ने समाज को टुकड़े-टुकड़े कर दिया था। ब्राह्मण का पुत्र ब्राह्मण और कुम्हार का पुत्र कुम्हार ही हो सकता था। ब्राह्मण मात्र वेदशास्त्राध्ययन से हटकर अन्य उद्योग कर सकता था लेकिन शूद्र या अस्पृश्य ऐसा नहीं कर सकता था।

समाज की इस व्यवस्था ने ब्राह्मणेतरों को प्रगति की ओर जाने से रोका था। मेहनतवाले सारी सुविधाओं से वंचित थे, ब्राह्मण, राजा, मठाधीश, मंत्री, पुजारी आदि दूसरे के मेहनत का फल भोग रहे थे। अन्धश्रद्धा, आलस्य, अज्ञान, स्वार्थ, जड़ परम्पराओं ने समाज को कमजोर बना दिया था। धार्मिकाचरण का प्रतीक देवदासी ने वेश्यावृत्ति का रूप ले लिया था।

इस प्रकार कई प्रकार के विचित्र और भयंकर अन्धविश्वासों के जाल में समाज जकड़ा हुआ था। स्त्री की उपेक्षा सब जाति और वर्गों में थी।

कन्नड़ के शिवशरण कालीन समाज की रचना और परिस्थितियाँ उपरोक्त कह दी गई हैं। समाज के जागरूक और सजग प्रहरी बसवेश्वर और अन्य शिवशरणों ने धार्मिक क्रान्ति द्वारा सामाजिक और साहित्यिक क्रान्ति कर दी। सब प्रकार से समान समाज की स्थापना उनका उद्‌देश्य था। इसी उद्‌देश्य की प्राप्ति के लिए इन्होंने काव्यशास्त्र का प्रयोग किया था। इस प्रकार के काव्य का अध्ययन उसकी सामाजिक चेतना की दृष्टि से करना अपने आप में महत्त्वपूर्ण स्थान रखता था।

## साहित्यिक

बारहवीं सदी के शिवशरणों के पूर्वकालीन संस्कृत प्रधान साहित्य का बहुत बड़ा भाग बहुत बड़ी संख्या में लोगों के लिए बहुत बड़ा शून्य (Zero) था। राजाश्रय में रहकर परम्परावादी पंडितों ने चम्पूकाव्य की रचना की। राजा-महाराजाओं, पंडितों और वैद्यों का दासी कन्नड़-साहित्य संस्कृत के शिकंजों में सिसकियाँ ले रहा था।

लोग यह मान रहे थे कि काव्य प्रतिभा ईश्वर की देन है, पूर्वजन्म के पुण्य मात्र से ही कोई काव्य रचना की शक्ति प्राप्त कर सकता है। राजाश्रित वह साहित्य उन नरेशों की श्रृंगारिक मानसिकता को तृप्त करने में ही धन्य समझता था और आश्रयदाता नरेशों को चाँद, सूरज, वीराधिवीर, अरिकेसरी आदि बढ़ा-चढ़ाकर वर्णन करने में वह तृप्त था। इनके राजा इनकी रचनाओं में महाभारत के वीरनायक थे। ये रचनाएँ सामान्य लोगों तक जाने, आलोचकों से आलोचित और चर्चित होने,

ज्ञानवृद्धि करने के लिए नहीं, बल्कि राजा की प्रशंसा प्राप्त करने और पूजागृहों में पूजित होने के लिए थीं। सामान्य लोग, शूद्र और अस्पृश्यों एवं स्त्री के लिए साहित्य अस्पृश्य और जड़ वस्तु थी।

ग्यारहवीं सदी का कन्नड़ साहित्य शास्त्र-साहित्य (रीति साहित्य) माना जाता है; दसवीं सदी के उत्तरार्ध में नागवर्मा प्रथम की 'धन्दोबुधि' ग्यारहवीं सदी के लिए चाउंडराय द्वितीय की 'लोकोपकार' चन्द्रराजा की 'मदनतिलक, श्रीधराचार्य की 'जातक तिलक' आदि शास्त्र-साहित्य की रचनाएँ हैं।

वचन साहित्य के पूर्व के साहित्य की विशेषताएँ इस प्रकार गिनी जा सकती हैं :

(1) परम्परावादी साहित्य
(2) पंडितों की पांडित्यपूर्ण काव्य की रचना
(3) रीतिबद्ध चम्पूकाव्य की रचना
(4) काव्य में विविधता नहीं, चर्वित-चर्वण विचार
(5) संस्कृत भाषा का पूरा प्रभाव
(6) केवल वस्तुनिष्ठ काव्य (कला के लिए कला)
(7) सीमित पाठक-वर्ग (केवल पंडितों) के लिए रचा गया साहित्य
(8) राजाश्रित साहित्यकार
(9) कल्पना और अवास्तविक वर्णनों की भरमार
(10) आश्रयदाता नरेशों का बढ़ा-चढ़ाकर वर्णन
(11) जनविरोधी साहित्य-मूल्य

तद् युगीन साहित्य राजा-महाराजा और दरबार के निकट और सामान्य लोगों से दूर था। उसी साहित्य को भव्य माना जाता था।

वचन साहित्य के पूर्व साहित्य की ऐसी ही स्थिति थी, वहीं बारहवीं सदी का साहित्य परिवर्तन की दिशा ढूँढ़ रहा था। समय परिवर्तन की प्रतीक्षा कर रहा था। बारहवीं सदी में बसवेश्वर और उनके अन्य समकालीन शरणों से पूर्व 'वचन' साहित्य समय की माँग थी। पंडितों से सामान्य लोगों की ओर, संस्कृत के प्रभाव से देशी भाषा की ओर साहित्य जा रहा था। वचन-साहित्य पुरानी कन्नड़ से मध्यकालीन कन्नड़ की ओर, चम्पूरीति से देशीय रीति की ओर, कठिनता से सरलता की ओर, भ्रमों से स्पष्टता की ओर अग्रसर होता हुआ दिखाई देता है। वचन साहित्य की लोकोन्मुखी विषयवस्तु, सरल कन्नड़, नई शैली गद्यात्मक पद्य के अपने गुणों के कारण लोगों को अपनी ओर तुरन्त आकर्षित करने लगा। सामाजिक चेतना वचन साहित्य की अपनी विशिष्ट शक्ति बन गई थी। बारहवीं सदी साहित्यिक दृष्टि से चम्पू साहित्य को कमजोर करने का काल था, राजनीतिक दृष्टि से शौर्य, साहस और वीरोत्साह का काल था, और सामाजिक दृष्टि से नए

विचार और नए मूल्य की स्थापना से सामान्य लोगों को अपने में समेटकर सारी सामाजिक व्यवस्था को बदल डालने का काल था। ऐसी पृष्ठभूमि में शरणों के वचन साहित्य का उदय एक सहज घटना लगती है।

यदि चम्पू (एक छंद) साहित्य लोगों की सहानुभूति से वंचित था तो वचन साहित्य सामान्य लोगों पर या सामान्य लोगों के लिए निर्मित था।

वचन साहित्य के प्रारम्भ का स्पष्ट चित्र तो हमें नहीं मिलता। लेकिन पंडितों ने 'देवर दासिमय्या' को प्रथम वचन रचनाकार माना है। बसवेश्वर का एक वचन इसे स्पष्ट करता है कि बसवेश्वर और उनके समकालीन शरणों से पूर्वकाल में वचन साहित्य का निर्माण हो रहा था।

बसवेश्वर के पूर्व में वचन साहित्य का सृजन अत्यन्त मन्द गति से हो रहा था। आगे आनेवाले शरणों के युग में वचन काव्य-रचना एक आन्दोलन का रूप धारण कर चुका था।

जब इन शिवशरण और शरणियों ने कल्याण (आज का बसवकल्याण बीदर जिला) को अपना कार्य क्षेत्र बनाकर अनुभव मंटप की स्थापना की तो इन्होंने वचन साहित्य की रचना प्रचुर मात्रा में की। इसकी आलोचना-प्रत्यालोचना के फलस्वरूप उसमें वैचारिकता की गम्भीरता आई।

इन्होंने सामाजिक चेतना से प्रेरित होकर लोगों की अन्ध भक्ति और अज्ञान को दूर करने के लिए, सब प्रकार से समान स्वस्थ समाज की स्थापना के लिए काव्य की रचना की।

# सुन री सजनी...

किसी समाज या देश की अर्धशक्ति स्त्री होती है। स्त्री धरती माता कही गई है। वह अपना सब कुछ समर्पण कर इस संसार का लालन-पालन करती है। पर अत्यन्त ही दु:ख का विषय है कि वह सदैव ही उपेक्षित रही है। स्त्री इस विश्व की सर्वप्रथम दलित है। इस पुरुष प्रधान समाज में व्यक्तित्व विकास के सब प्रकार के अवकाशों से वह वंचित रही है। वह भोग की वस्तु मानी गई है। नारी बाल्यावस्था में पिता पर, यौवनावस्था में पति पर और वृद्धावस्था में बेटों पर निर्भर रहती है।

भारत में वैदिक चिन्तन ने तो स्त्री व्यक्तित्व की सर्वोपरि उपेक्षा की है। मुँह से तो यह भी कहा गया कि 'मातृ देवो भव:' जहाँ नारी की पूजा होती है वहाँ देवता लोग रमते हैं, वह आदिशक्ति परमेश्वरी के प्रतीक के रूप में है, आदि। पर वास्तव में वह नारकीय वेदनाओं में जीवनयापन करती रही है। इस देश के हर गाँव में देवी के मन्दिर मिलेंगे, त्रिमूर्तियों के दाँत खट्टे करनेवाले असुरों का संहार करनेवाली देवी तथा उसकी प्रभुता को स्वीकार करनेवाली पुराण कथाएँ उपलब्ध हैं। पर यथार्थ में उसे हर स्थान, हर मान और हर कार्य के लिए अयोग्य बतानेवाले प्रतिबन्ध भी पाए जाएँगे। स्त्री को झूठ का अवतार मानते हुए याज्ञवल्क्य और वशिष्ठ ने उसे साक्षी के लिए भी अयोग्य घोषित किया था। दयालु और करुणामयी धर्ममार्ग के गौतम बुद्ध ने भी कोई समानता का स्थान स्त्री को नहीं दिया था।

स्त्री ने पुरुष के जीवन में माँ, पत्नी, बहन, बेटी, बनकर उसके जीवन को आलोकित किया, मधुर बनाया, सार्थक किया और चेतना की शक्ति बनी रही। तुलसीदास जैसे महान संत कवि ने भी बिना संकोच के स्त्री के बारे में कहा कि 'ढोल, गँवार, शूद्र, पशु, नारी ये सब ताड़न के अधिकारी।' यह तो पुरुषवर्ग की मानसिक अस्वस्थता का स्पष्ट उदाहरण लगता है। स्त्री वेदना की सीमा का कहीं अन्त नहीं है। विवाह से पहले माता-पिता की सेवा में और विवाह के बाद पति की सेवा में जीवन व्यतीत होता है। पति यदि पहले मर जाता है तो

बेटों की मर्जी पर जीवन जीना होता है। उसका तो अपना एक घर होता ही नहीं है। मायका तो माँ-बाप और भाइयों का घर है, पति का घर तो पति का होता है उसका अपना नहीं है।

भारतीय वर्णव्यवस्था में ब्राह्मण के लिए वेदाध्ययन, क्षत्रिय के लिए युद्ध, वैश्य के लिए धनार्जन स्वधर्म है, पर शूद्र का धर्म इन सबकी सेवा करना है। स्त्री भी अपने तीनों रक्षकों—पिता, पति और पुत्र की सेवा का कर्तव्य निभाती है। स्त्री की गिनती भी शूद्रों में ही की गई है। जिस प्रकार शूद्र अपने व्यक्तित्व विकास की ही सुविधाओं से वंचित था उसी प्रकार स्त्री भी वंचित थी। शिक्षा प्राप्त करने की दृष्टि से एक राजा की पुत्री और एक दलित मजदूर की पुत्री की स्थिति एक जैसी थी क्योंकि पुरुष ने कभी नहीं चाहा कि स्त्री शिक्षित हो। मनु ने तो घोषणा की थी कि नारी स्वातंत्र्य के लिए योग्य नहीं है।

यह तो स्त्री व्यक्तित्व को शून्य करना हुआ। लगता है वैदिकों के साथ जैन भी स्त्री को मुक्ति प्राप्ति के योग्य नहीं मानते थे।

सती प्रथा हमारे देश में प्रचलित थी। अपमानजनक और उपेक्षित विधवा जीवन से सती होना ही श्रेष्ठ समझने का भ्रम था। क्षत्रियों में यह पद्धति अधिक थी। उसकी इच्छा-अनिच्छा की उपेक्षा कर पति के साथ वह जला दी जाती थी। इस प्रकार उस कालीन समाज में हजारों बन्धनों के बीच वह सजीव शव थी।

जिस पति के मरने के बाद स्त्री सती होती है उस पुरुष पति को पत्नी के प्रति प्रामाणिक होना अनिवार्य नहीं है। भारतीय विधवा स्त्री की वेदनाओं की कोई सीमा नहीं है। शृंगार करना, मुक्त होकर हँसना भी उसके लिए वर्जित माना जाता है। किसी वर्ग और जाति की विधवाओं की वेदनाओं में कोई अन्तर नहीं है। राम को पुरुषोत्तम माना जाता है पर उन्होंने भी अपनी पत्नी सीता की अग्नि परीक्षा के रूप में स्त्री अस्तित्व को नकारा था। मरे हुए पति को स्वर्ग से सावित्री लौटाकर ले आती है। पर वही पुरुष सैकड़ों जीवित स्त्रियों को अग्नि में झोंक देता है।

पुरुष वर्ग की सुख-सुविधा के लिए स्त्री सदैव अपने आपको पूर्ण रूप से समर्पित करती आई है।

नारी की निन्दाओं से, नारी के अनादर से, नारी को द्वितीय श्रेणी की नागरिक सिद्ध करने के उदाहरणों से हमारे शास्त्र-पुराण भरे पड़े हैं। पुरुष निर्मित साहित्य, दर्शन और इतिहासों में स्त्री सदैव हाशिए पर रही है।

लगता है, भारत ही नहीं बल्कि विश्व के हर देश में स्त्री अपने व्यक्तित्व विकास के अवकाशों से वंचित ही रही है। हर समाज ने स्त्री को उपेक्षा की दृष्टि से ही देखा है। कुछ उदाहरण देखा जा सकता है :

"स्त्री को कभी तत्त्वशास्त्र का अध्ययन नहीं करना चाहिए, वैवाहिक जीवन के नियमों का पालन करना ही स्त्री के लिए श्रेष्ठ तत्त्व है।"

**—यूरोप का एक धर्मोपदेश**

"ज्ञान, पुरुष का आदर बढ़ाता है तो अज्ञान स्त्री की सुन्दरता का कारण बनता है।"

**—एक चीनी कहावत**

"स्त्री, पुरुष का कोई मार्गदर्शन नहीं कर सकती। इस संसार में स्त्री की वजह से ही पाप है। इसलिए स्त्री भयंकर नरक में जाती है। उसकी मुक्ति का कोई मार्ग नहीं है।"

**—सेंट पॉल**

"न स्त्री स्वातंत्र्यम् अर्हति"

**—मनु**

हिन्दू धर्म में तो शूद्र अत्यन्त हीन जीव है और स्त्री तो नीच मानी ही गई है। इसलिए हिन्दू समाज में स्त्री की स्थिति शूद्रों से भी दयनीय है।

"स्त्री सब बुराइयों की जड़ है।"

**—महाभारत**

"स्त्री चंचला है, तलवार की तरह तेज है, तूफान की तरह अस्थिर है।"

**—रामायण**

"स्त्री एक वस्तु है, एक चीज है।"

**—शाक्त**

बेटी के विवाह में पिता अपनी बेटी का कन्यादान करता है। प्रायः भारतीय भाषा में ही 'कन्यादान' जैसा शब्द देखने को मिलता है जहाँ किसी वस्तु या प्राणी को दान के रूप में देने की प्रथा सुनने में आती है अर्थात् भारतीय सन्दर्भ में स्त्री का अस्तित्व किसी वस्तु या प्राणी के समान ही है।

दहेज के नाम पर स्त्री को जला देना अत्याचार है। स्त्री-भ्रूण-हत्या भारतीय समाज के लिए बहुत बड़ा कलंक है। आनेवाले दिनों में स्त्री की नारकीय स्थिति को लेकर यह एक चेतावनी है। आठवें दशक में तमिलनाडु के उसिलंब में वुल्लकर जाति में लगभग छह हजार नवजात शिशुओं की हत्या माँ-बाप ने मिलकर की थी। आज भी राजस्थान और हरियाणा में स्त्री-भ्रूण-हत्या आम बात लगती है।

मुम्बई के एक अस्पताल में ही 1984-85 में सोलह हजार स्त्री-भ्रूण-हत्या की बात बाहर आई थी। *(गार्डियन 4.11.86)*

1978-83 के बीच प्राप्त आँकड़ों के अनुसार भ्रूण-हत्या के उदाहरण मिलते हैं। एक समाचार-पत्र से पता चला है कि इन दिनों हरियाणा के एक निजी अस्पताल के पास एक कुएँ में सौ से अधिक स्त्री शिशु भ्रूण मिले हैं। ऐसा नहीं है कि अशिक्षित और निर्धन लोग ही यह काम करते हैं। पढ़े-लिखे और सम्पन्न परिवारों में भी यह हो रहा है। कहा जाता है कि एक स्वस्थ समाज में स्त्री-पुरुषों की संख्या 51:49 के अनुपात में होनी चाहिए। तात्पर्य है कि स्वस्थ समाज में स्त्री संख्या का पुरुष संख्या से अधिक होना सही माना गया है। पर स्त्री-भ्रूण-हत्या की वजह से प्रति एक हजार जनसंख्या में लगभग 70-75 की दर से संख्या कम होती जा रही है। हरियाणा और पंजाब में युवकों के विवाह में युवतियों के अभाव की समस्या गाँवों में देखी जा रही है। समाज के समाजशास्त्रियों का तो कहना है, आनेवाले दिनों में द्रौपदी की तरह पाँच पति होने का दृश्य देखने को तो नहीं मिलेगा? स्त्री-भ्रूण-हत्या को अपराध करार देने का कानून तो आया है पर मनुष्य के मन को मानवतावादी करने के लिए कोई कानून नहीं है।

इस प्रकार की राक्षसी प्रवृत्ति के दो कारण हैं—समाज में स्त्री के प्रति हीनभावना का होना और बेटी की शादी में माँ-बाप का आर्थिक नुकसान होना। भारतीय मानसिकता यह समझ बैठी है कि बेटे से ही परिवार का उद्धार होता है। सैकड़ों की संख्या में इधर एक जनजाति में माँ-बाप ने अपनी बेटियों को बेच दिया। कारण है गरीबी और बेटी की शादी रचने में उनकी आर्थिक अयोग्यता।

जमीन को निजी सम्पत्ति के रूप में देखने की परिकल्पना के साथ पितृप्रधान परिवार अस्तित्व में आया। स्त्री अपना आर्थिक अधिकार खो बैठी। सम्पत्ति के उत्पादन अधिकार से वह वंचित हो गई और द्वितीय श्रेणी की नागरिक बन गई। पुरुष जब हल चलाने लगा तो हल का मालिक भी बन बैठा और जमीन का भी। इसी उपक्रम में स्त्री का भी मालिक बन बैठा। स्त्री और विश्व की सब चीजों पर पुरुष का अधिकार हो गया। तभी से स्त्री की दुखभरी हीनावस्था शुरू हो गई।

मानव मात्र के इतिहास के साथ स्त्री मुक्ति का इतिहास भी जुड़ा हुआ है। लेकिन अत्यन्त ही अनसुनी आवाज में। लगभग सन् 1830 के आसपास अमेरिका की महिलाएँ गुलामी विरोधी कार्यक्रमों में स्वयं को शामिल करने लगीं। अमेरिका में 'गुलामी विरोधी समाज' का आरम्भ 1883 में हुआ था। यह समाज गुलामी विरोधी संघर्षों के लिए बनी संस्थाओं में से एक था। महिलाओं को इस समाज की समिति की सदस्यता देने के योग्य नहीं माना गया था। आश्चर्य होता कि

यूरोप के कई देशों से आकर अमेरिका का निर्माण करनेवाला यह श्वेत पुरुषवर्ग मानता था कि स्त्री को स्वतंत्रता नहीं देनी चाहिए; यह पुरुष प्रधान समाज का अहं था। वे यह मानते थे कि स्त्री को घर के काम-काज में ही लगना चाहिए। इसीलिए श्वेत महिलाएँ अपने अधिकार के लिए और श्याम वर्ण के गुलामों की मुक्ति के लिए दास्य विरोधी आन्दोलन श्वेत महिलाओं की अस्मिता और श्याम वर्ण की जन-जातियों की मुक्ति के लिए एक साथ काम कर रहा था। यहाँ अधिक बल शोषित, विशेषकर श्याम वर्ण की स्त्री मुक्ति पर दिया गया। गुलामी विरोधी आन्दोलन ने बड़ी सूक्ष्मता से स्त्री मुक्ति का भी काम ऊँची आवाज में किया है। कई अफ्रीकी महिलाएँ भी इस आन्दोलन में काम कर रही थीं, जो स्त्रियों में एक आत्मबल देने में सहायक सिद्ध हुआ। महिलाओं की ओर से एक उदाहरण दिया जा सकता है। सार्जनर टूथ नामक महिला का जन्म न्यूयॉर्क के हरले में हुआ था। इनका पुराना नाम था इबेज बौन फ्री। बूढ़े गुलाम से जबरदस्ती विवाह होने के बाद उन्होंने पाँच बच्चों को जन्म दिया। गुलामी के दिनों में उसके तीन बच्चे बेच दिए गए। सन् 1828 में इसेसाबेल गुलामी से भागकर आई और 1843 से सारी जिन्दगी गुलामी के विरोध में वह भाषण करती रही। सार्जनर अनपढ़ थी पर भाषण कला में चतुर थी। लगभग चालीस वर्षों तक वे स्त्री मुक्ति और गुलामी के विरोध में विचार-प्रसार करती रही। वह दासता विरोधी मात्र नहीं, बल्कि स्पष्ट स्त्रीवादी भी थी। ओहयों में चल रही स्त्री अधिकार आन्दोलन की सभा में दिया गया उनका वक्तव्य बहुत प्रसिद्ध है। वक्तव्य का प्रारम्भ उन्होंने इस प्रकार किया था—मैं एक औरत हूँ न! स्त्री में यह एहसास बहुत ही महत्त्वपूर्ण लगता है। गुलामों की मुक्ति के लिए किए गए आन्दोलनों में कई गुलाम महिलाओं का भाग लेना स्त्री मुक्ति के लिए प्रकाश किरण स्वरूप इतिहास में दर्ज हुआ।

बारहवीं सदी में कन्नड़ का वचन साहित्य स्त्री स्वातंत्र्य, सम संस्कृति की स्थापना, अभिव्यक्ति स्वातंत्र्य, चर्चा-परिचर्चाओं का प्रारम्भ या यों कहें सबको सब प्रकार की समानताओं के स्वस्थ समाज का निर्माण, अन्तरंग और बहिरंग व्यक्तित्व विकास की सुलभ सम्भावनाओं का अवकाश, मन्दिर की पत्थर संस्कृति से मनुष्य केन्द्रित संस्कृति की ओर चलने की प्रक्रिया का साहित्य है। इस साहित्य-सन्दर्भ ने लगभग भारतीय निम्न जाति और निम्न वर्ग को पहली बार बोलने, लिखने और सब प्रकार के व्यक्तित्व विकास का अवकाश दिया है। विशेषकर महिलाएँ अधिक संख्या में यहाँ पढ़ती-लिखती काव्य सृजन करती रही थीं, वे चर्चाओं में भाग लेतीं, और समकालीन मानव सम्पन्न मूल्यों की श्रीवृद्धि का कारण बनती हैं। आज लगभग नौ सौ वर्षों के बाद भी 35 से

अधिक महिलाओं का काव्य वचन साहित्य के रूप में मिलता है। सांस्कृतिक स्त्री शक्ति का चिन्तन-विवेचन यहाँ होता है। इसलिए विश्व स्तर पर स्त्री शोषण का अवलोकन और उसकी मुक्ति के लिए किए गए प्रयास इस साहित्य में देखे जा सकते हैं। वचन साहित्य के सन्दर्भ को और अधिक चैतन्यशील दृष्टि से देखा जा सके, इसलिए अमेरिका में गुलामों के संघर्ष का इतिहास और वहाँ की गुलाम महिलाओं के दर्द को आँखों के सम्मुख लाने के लिए कुछ और बातें यहाँ पाठकों के सामने रखने की इच्छा हो रही है।

सन् 1616 : आधुनिक अमेरिका के इतिहास में यह वर्ष महत्त्वपूर्ण है। गुलामों के व्यापार के लिए सुविधाजनक स्थान जेम्स टाउन में अफ्रीकी गुलामों का आगमन। एक डच व्यापारी ने यहाँ गुलामों को अनाज के बदले में खरीदकर गुलामी पद्धति की स्थापना की।

सन् 1638 : अफ्रीकी गुलाम पुरुषों की कीमत लगभग 27 डॉलर निश्चय की गई। यूरोपीय मजदूर का एक दिन का पारिश्रमिक 70 सेंट था।

सन् 1640 : रोमन पद्धति की तरह गुलामों पर मुहर लगाना, उन्हें चाबुक से मारना आदि शुरू किया गया।

सन् 1641 : गुलाम पद्धति को कानून के मुताबिक सही ठहराया गया।

सन् 1660 : गुलामी के सम्बन्ध में कई कानून लाए गए। कानून के अनुसार अफ्रीकी गुलाम, गुलाम औरत के बच्चों को सारी जिन्दगी गुलाम रहकर सेवा करनी होगी।

सन् 1662 : वर्जीनिया कानून के अनुसार सारे अफ्रीकी अश्वेतों को गुलामी करनी होगी। नीग्रो औरतों को श्वेत पुरुषों के सम्बन्ध से यदि बच्चे जन्म लेते हैं तो माँ की तरह बच्चे को भी गुलामी करनी होगी।

सन् 1664 : मेरीलैंड में गुलामी पद्धति का कानून लाया गया। श्वेत महिलाओं का अश्वेत पुरुषों के साथ विवाह करना कानून विरोधी माना गया। यह कानून अगले 300 वर्षों तक जारी रहा। (अर्थात् 1964 तक!)

सन् 1672 : ब्रिटेन ने रॉयल अफ्रीकन कम्पनी की स्थापना कर अफ्रीकी कानून के अनुसार गुलामों का व्यापार प्रारम्भ कर दिया।

सन् 1680 : गुलामी पद्धति के नीति-नियम बनाए गए। नियम के अनुसार गुलामों को निजी सम्पत्ति माना गया। मालिक गुलामों को खरीद सकता था, बेच सकता था, किराए पर दे सकता था और गुलामों

को बदल सकता था। गुलामों को शादी करने, मत देने, सम्पत्ति रखने और अदालत में खड़ा होकर साक्षी बनने का अधिकार नहीं था।

सन् 1698 : ब्रिटिश संसद ने ब्रिटिश व्यापारियों को गुलामों का व्यापार करने की अनुमति दी।

सन् 1717 : नीग्रो पुरुष श्वेत स्त्री से यदि विवाह करता है या श्वेत पुरुष नीग्रो स्त्री से विवाह करता, तो उनको सारा जीवन गुलाम बनकर रहना होगा। श्वेत स्त्री से जन्मे बच्चे का सात वर्षों तक सेवक बनकर रहने का कानून मेरीलैंड राज्य ने पारित किया।

सन् 1776 : ब्रिटेन से देश स्वतंत्र हुआ। फिर भी औरतों को कई तकलीफों का सामना करना पड़ा। एकाध धनवानों को छोड़कर अन्य स्त्रियों को प्राथमिक शिक्षा से बढ़कर शिक्षा की सुविधा नहीं थी।

सन् 1894 : मेरीलैंड की गुलाम स्त्री हॅरियेट् टब् मन् उत्तर दिशा की ओर भाग गई और अंडर ग्राउंड रेलमार्ग में कंडक्टर बन गई। टब् मन् 19 बार दक्षिण में आई और 300 गुलामों को मुक्त कराने में सहायता की।

तात्पर्य यह है कि बारहवीं सदी में कन्नड़ साहित्य में बहुत संख्या में महिलाएँ काव्य की रचना कर रही थीं और अमेरिका में सोलहवीं सदी के आसपास भी स्त्रियों में गुलामी प्रथा चल रही थी और वे मुक्ति के लिए संघर्ष अब शुरू कर रही थीं। 'मध्यकाल में चर्च ने अपने से रत्ती-भर भी असहमत होनेवाले हजारों स्त्री-पुरुषों को डायन और शैतान का पुजारी घोषित करके बहुत ही क्रूर और बीभत्स तरीकों से मौत के घाट उतार दिया था। जॉन ऑफ आर्क को भी जादू-टोने के आरोप में जिन्दा जलाया गया था।'[1]

स्त्री के आँसुओं की दर्द भरी कथा पुरुष प्रधान समाज के ऐतिहासिक पृष्ठों में हर कहीं सुनाई देती है। अपने आपको 'प्रगतिशील देश' घोषित करनेवाले कई देशों में चार-पाँच दशकों पूर्व तक स्त्रियों को वोट देने का अधिकार नहीं था। वैश्विक परिप्रेक्ष्य में आधुनिक काल में भी महिला को प्रोफेसर होने और नोबेल जैसे पुरस्कार प्राप्त करने से दूर रखा गया था।

आज जिस सन्दर्भ में हम जी रहे हैं, हर रोज समाचार-पत्रों में महिला को जला देने, सामूहिक अत्याचार, बेटियों के साथ माँ की आत्महत्या आम बात हो गई है। आजाद भारत के समकालीन युग में भी स्त्री-सती होने के उदाहरण हैं।

1. विद्रोही स्त्री—जर्मन ग्रीयर, 239

रूपकुँवर जैसी युवती सती होती है और देखा यह गया है कि उसके पति और ससुर सुशिक्षित थे। सती प्रथा का वैभवीकरण होता है और उस सती के मन्दिर निर्माण के भी प्रयास होते हैं। एक युवा नेता, जो किसी एक राजकीय पार्टी से जुड़ा हुआ होता है, अपनी प्रियतमा लगनेवाली युवती को दो-दो इंच टुकड़ों में काटकर किसी ढाबे के चूल्हे में डाल देता है। आज भी कई गाँवों की स्त्री-शिक्षा शून्य के बराबर है। इससे अन्दाजा लगाया जा सकता है कि स्त्री मुक्ति की लड़ाई अभी कितनी लम्बी है।

# वचन साहित्य : स्त्री चिन्तन का उत्साह काल

किसी कवि ने लिखा है :

*इतिहास लिखना*
*काव्य का काम नहीं है*
*काव्य से बढ़कर*
*सुन्दर इतिहास लिखनेवाला*
*कोई इतिहासकार नहीं है।*

किसी काव्य, शास्त्र, पुराण आदि में निहित सत्य को सूक्ष्मता से देखने पर स्त्री की स्थिति का चित्रण हमारी आँखों के सामने स्पष्ट हो जाता है। स्त्री शोषण की ऐतिहासिक दृष्टि को सचेत रखकर ही स्त्री मुक्ति के प्रयास किए जा सकते हैं। कहा गया है कि जो इतिहास नहीं जानता वह इतिहास का निर्माण नहीं कर सकता है।

कन्नड़ साहित्य के इतिहास की परम्परा में बारहवीं सदी का वचन साहित्य युग सच्चे अर्थों में स्वर्ण युग कहा जा सकता है। इस काल के कन्नड़ कवि-कवयित्रियों ने, जो शिवशरण-शिवशरणियाँ कहलाते हैं, कविताओं की रचना सामाजिक, आर्थिक, सांस्कृतिक और धार्मिक आन्दोलन के लिए की है। काव्य धर्म इनके लिए साधन मात्र था, न कि साध्य।

'वचन' गद्य-पद्य का सम्मिश्रण सरस काव्य विधा मानी जा सकती है। इनके साहित्य को 'वचन साहित्य' के नाम से जाना जाता है।

एक समय में एक शेक्सपियर या वड्र्सवर्थ का होना, एक कालिदास या रवीन्द्रनाथ टैगोर का होना मेरे लिए या किसी भी स्वस्थ साहित्य प्रेमी के लिए आश्चर्य की बात नहीं लगनी चाहिए। यहाँ तो हर कोई महान कवि था, महाकवि था, महान कवयित्री थी।

## अनुभव मंटप

सामूहिक चिन्तन से, प्रश्न करने की परम्परा से, चर्चा-परिचर्चाओं की संस्कृति से सज्जनों के सत्संग से, सबसे बढ़कर सामाजिक हित के सामूहिक उत्तरदायित्व

की चेतना से असम्भव सम्भव होता है। इसके लिए ही शिवशरणों ने 'अनुभव मंटप' की स्थापना की थी। सत्संग और सहचिन्तन इस अनुभव मंटप की विशेषता है।

एक अनुभव की बात है कि तुम्हारे मित्र मंडली के सदस्यों के स्वभाव से पता चलता है कि तुम क्या हो। तुम्हारे व्यक्तित्व का निर्माण उससे होता है जिन लोगों के साथ तुम हो। थोड़ा-सा खोकर और थोड़ा-सा प्राप्त कर तुम बुरे या अच्छे बनते हो। इसलिए विद्वान, चिन्तक, जनवादी, जीववादी के सत्संग में रहोगे तो उसी को प्राप्त करोगे। स्वस्थ समाज के निर्माण के लिए तुम्हारा व्यक्तित्व बहुउपयोगी बन पाएगा। यही सार्वकालिक सत्य है। हर एक पत्थर में एक मूर्ति होती है, पर अनामिकावस्था में। चिन्तन-मंथन से, कलात्मक, सूक्ष्म बारीकियों के काम से एक कलात्मक शिल्प कलाकृति का साक्षात्कार करना पड़ता है। यह सत्संग से ही सम्भव होता है। सत्संग से मनुष्य हीनभावना और अहंभावना इन दोनों से मुक्त होता है। इन दोनों से मुक्त समाज में व्यक्ति और समाज का हित सम्भव होता है। व्यष्टि एवं समष्टि का सुन्दर समन्वय सम्भव होता है।

ज्ञानी और अनुभवी-अनुभावियों के सत्संग से अपनी उपयोगिता और योग्यता का भी परिचय होता है। संवेदनशील और श्रेष्ठ लेखक, कलाकार, संगीतकार और सांस्कृतिक महत्त्व के व्यक्तियों का विकास ऐसे ही सत्संग से हुआ है। गलत रास्ते पर जा रहा व्यक्ति भी विद्वानों के मार्गदर्शन से सही रास्ते पर चलने लगता है। अनुभवी चेतनाओं के अनुभव मंटप सत्संग से बिगड़ी हुई बात बनती है। कबीरदास ने भी कहा है :

*सत्संग लागी रहो रे भाई।*
*तेरी बिगरी बात बन जाई॥*

ऐसा नहीं कि सत्संग का सत्फल इने-गिने लोगों को ही मिलता है। ब्राह्मण, क्षत्रिय, वैश्य, शूद्र, अन्त्यज सब को यह सत्फल सुनिश्चित है। पर देखना यह होता है कि क्या यह सज्जनों का सत्संग है या कोई भ्रम। शरण संत कबीरदास, बसवेश्वर आदि के सत्संग से कई उपेक्षित शरण संतों ने श्रेष्ठता को प्राप्त किया।

साहित्यिक और सामाजिक क्रान्ति की कल्पनाओं को यथार्थ में परिवर्तित करने के लिए शिवशरणों ने 'अनुभव मंटप' की स्थापना की थी। वर्ग-वर्ण-लिंग का भेदभाव न करते हुए सबको अनुभव मंटप में प्रवेश मिला। इसकी सदस्यता के लिए यह अनिवार्य माना गया था कि इसके सदस्य सभी को समानता की दृष्टि

से देखें। शुद्ध कायक (श्रम) करते हुए परिश्रमजीवी बनकर रहें और स्त्री-पुरुषों से भेदभाव न करें। सारे भारत के भिन्न-भिन्न प्रदेशों से इस अनुभव मंटप में भाग लेने के लिए; धार्मिक और सामाजिक परिवर्तन के आन्दोलन से अपने आपको जोड़ने के लिए यहाँ सभी जमा हो गए थे, जैसे कश्मीर से राजा महादेव और उनकी पत्नी, गुजरात से आदय्या, कलिंग देश से मरूळशंकरदेव, आन्ध्रा से मैदून रामय्या तथा कर्नाटक के कोने-कोने से शिवशरण और शरणियाँ। सभी श्रमवर्ग के लोगों ने इसमें भाग लिया था, जैसे—मोची, ढोर पालक, धोबी, केवट, हज्जाम, लकड़ी बेचनेवाले, रस्सी बनानेवाले, किसान, नट, संगीतज्ञ, चावल कूटनेवाले आदि। लगभग सब शरण अपनी धर्मपत्नी के साथ अनुभव मंटप की आध्यात्मिक और साहित्यिक परिचर्चाओं में भाग लेते थे। जीवन के भीतर-बाहर की चर्चा करते थे एवं अन्तरंग और बहिरंग शक्ति प्राप्त करते थे। उस युग में शरण-शरणियों के सत्संग के केन्द्रस्थान अनुभव मंटप द्वारा अनुपम सांस्कृतिक विकास सम्भव हुआ। आश्चर्यजनक रीति से उपेक्षित निम्न जाति एवं निम्न वर्ग के शरण-शरणियों ने अनुभव मंटप की चर्चाओं में सक्रिय भाग लिया, काव्य की रचना की, काव्य को लेकर आलोचना की एवं काव्य और जीवन का सुन्दर समन्वय किया। इस सत्संग में, जिसने कभी बात नहीं की थी, उसने ऊँची आवाज में सांस्कृतिक बातें कीं। स्त्रियों ने सबसे पहली बार व्यक्तित्व का सर्वोपरि विकास किया और इससे सामाजिक व्यक्तित्व का भी विकास हुआ।

शरणों के सत्सम्पर्क में आकर कई हीन जाति के लोगों ने व्यक्तित्व विकास किया। वे सोचने लगे कि जन्म से कोई छोटा या बड़ा नहीं होता। शरणी लिंगम्मा इस सत्संग से अपने को धन्य समझती हैं और कहती हैं :

*निम्न जाति में जन्म लेकर*
*सत्संग में विकसित होकर,*
*सत्य शरणों के चरणों में रही।*

इस वचन साहित्य आन्दोलन ने जाति पद्धति, अस्पृश्याचरण, एवं असमानता के विरुद्ध जो युद्ध छेड़ा था उससे उपेक्षित वर्ग ने स्वाभिमान और आत्मबल हासिल किया, जो मनुष्य की भूख मिटाने से भी महत्त्वपूर्ण माना जाता है। इस साहित्यान्दोलन ने स्त्री के व्यक्तित्व को निडरता और वैचारिकता की दीक्षा दी थी। वह अपने पति को वैचारिकता की दिशा में मार्गदर्शन करने का साहस कर सकती थी। शरण आय्दक्की मारय्या और उसकी पत्नी लक्कम्मा दोनों अपने सात्त्विक कायक के लिए शरण कुल में प्रसिद्ध थे। मारय्या बसवण्णा के महामने के आँगन में से चावल चुनकर लाते थे। इससे उनका पेट भरता था

और जंगमों की सेवा भी इसी से हो जाती थी। मारय्या का कायक यही था। एक दिन वहाँ चावल अधिक पड़ा मिला और मारय्या के उस दिन अधिक चावल घर लाने से पत्नी लक्कम्मा पति को सचेत करती है और कहती है कि दुराशा तो राजा में होती है हममें नहीं। आवश्यकता से अधिक चावल लौटाने को कहती है। यह है स्त्री के व्यक्तित्व का विकास। लक्कम्मा का यह वचन स्पष्ट कर देता है कि आवश्यकता से अधिक संग्रह करने की प्रवृत्ति समाज के लिए घातक है :

*आशा तो राजा में चाहिए*
*शिवभक्तों में क्यों?*
*इतने चावल की आशा आपमें क्यों?*
*ईश्वर मानेंगे नहीं, मारय्यप्रिय, अमरेश्वर लिंग से*
*आप दूर हैं हे मारय्या।*

शिवशरणी अक्कमहादेवी तो सत्संग की चैतन्यशक्ति अनुभव मंटप की महान देन है। वह तो भाषा की मंत्रशक्ति का साक्षात्कार करनेवाली है। शरणों के सत्संग और मार्गदर्शन से गुरु-लिंग-जंगम द्वारा 'शिवयोग' की चरम सिद्धि की वह साधिका है। राजसत्ता-पुरुषसत्ता और दैव सत्ता के प्रतिनिधि राजा कौशिक को त्यागकर जड़ परम्पराओं का विरोध करके स्त्री में विद्रोह की चिंगारी जागृत रखते हुए अक्कमहादेवी अपने एक वचन में यह स्पष्ट कर देती है कि किस प्रकार शरणों के सत्संग से उसके तन-मन और प्राण शुद्ध बन जाते हैं और वह अपने इष्टदेव चन्नमल्लिकार्जुन के लिए योग्य बनती है :

*हे जी, आप अनुभावियों के सत्संग से*
*मेरा तन शुद्ध हुआ,*
*हे जी, आप अनुभावियों के सत्संग से*
*मेरा मन शुद्ध हुआ,*
*हे जी, आप अनुभावियों के सत्संग से*
*मेरा प्राण शुद्ध हुआ,*
*हे जी, आप अनुभावियों ने मुझे*
*परीक्षा कर योग्य बनाया इसलिए,*
*हे चन्नमल्लिकार्जुन, मैं*
*आपसे स्वीकृत हुई हूँ।*

**—अक्कमहादेवी**

पहले ही कहा जा चुका है कि शरणपूर्व काल में स्त्री भोग की वस्तु मात्र मानी जाती थी। विशेष कर मठ-मन्दिर भोग के केन्द्र बन चुके थे जिसमें स्त्री पर अत्याचार प्राय: हुआ करता था। स्त्री गौरव से नहीं बल्कि कामुक भावना से देखी जाती थी। काळामुख आदि शैव व्यसनी बन गए थे। दैवी-आचरण के बहाने देवदासियाँ विवाह की सुविधा से वंचित होकर उच्च वर्ग और वर्ण के पुरुषों की कामवासना का शिकार बनती थीं। हर वर्ग-वर्ण की स्त्री शोषित थी और व्यक्तित्व विकास की सुविधाओं से वंचित थी। भारतीय नारी की दुर्गति अवर्णनीय कही जा सकती है।

नारी की इस दुर्गति और उपेक्षा की शिवशरणों ने कड़ी आलोचना की है और ऐसे समाज का इन्होंने विरोध किया है। वह तो पुरुष की सहधर्मिणी होती है। पुरुष के विकास में सहायक ही नहीं बल्कि प्रेरणा बन सकती है। अवकाश मिलने पर पुरुष के समान ही व्यक्तित्व के सर्वांगीण विकास की चरम सीमा पर पहुँच सकती है। बसवयुग की शिवशरणियाँ इस तथ्य का प्रमाण हैं। लगभग सभी शिवशरणियों ने अनुभव मंटप में भाग लेकर शरणों के साथ धार्मिक, सामाजिक और साहित्य का चिन्तन किया। अन्य शिवशरण कवि—बसव, अल्लम प्रभु, चन्न बसवण्णा और सिद्धराम के समान ही श्रेष्ठ वचनों की रचना की हैं। आत्मोन्नति के साथ-साथ समाजोन्नति के मार्ग में इनकी बड़ी देन रही है। पुरुषों के साथ साहित्य, समाज और धर्म में इन्होंने समानता से प्रभाग किया।

अल्लम प्रभु यह स्पष्ट करते हैं कि स्त्री साधना के मार्ग में माया नहीं है। मनुष्य का मानसिक विकार ही माया है।

कहते हैं :

*कनक माया है, कनक माया नहीं,*
*नारी माया है, नारी माया नहीं,*
*मिट्टी माया है, मिट्टी माया नहीं,*
*मन की आशा ही माया है, हे गुहेश्वर!*

सही मायने में पुरुष के कन्धे से कन्धा मिलाकर इस युग में स्त्री ने विकास किया है। अदूर दृष्टि से अन्धों की आग में जलती नारी ने पुकार-पुकार कर अपनी मुक्ति के लिए काव्य रचना की और इसमें अत्यन्त ही आत्मीयता से शरणों ने इनकी सहायता की। सामाजिक क्रान्ति का एक मार्ग इन शरणियों ने ढूँढ़ निकाला।

शरण और शरणियों ने पुरुष और स्त्रियों में योग्यता की दृष्टि से अन्तर को नकार दिया। शारीरिक रचना मात्र से वे दोनों भिन्न हैं न कि प्रतिभा और योग्यता

में। शरण जेडर दासिमय्या कहते हैं कि थन-चोटी से स्त्री, स्त्री कहलाती है और मूँछ से पुरुष, पुरुष कहलाता है। लेकिन इनमें स्थित आत्मा न पुरुष है न स्त्री :

*थन चोटी से स्त्री कहलाएगी,*
*मूँछ-दाढ़ी से पुरुष कहलाएगा।*
*दोनों में स्थित आत्मा न स्त्री है न पुरुष है हे रामनाथ!*

ज्ञान प्राप्ति के लिए भी स्त्री-पुरुष में कोई अन्तर नहीं किया जा सकता। ज्ञान न स्त्री का है न पुरुष का। इसलिए शरणी गोग्गव्वे पूछती हैं :

*थन चोटी से स्त्री कहलाएगी,*
*मूँछ और काछा से पुरुष कहलाएगा,*
*इन दोनों में स्थित ज्ञान स्त्री है या पुरुष, हे नास्तिनाथ?*

अक्कमहादेवी अपनी साधना के लिए घर-बार, गाँव की उपेक्षा कर सारे सामाजिक बन्धनों को तोड़कर कल्याण आई थीं। उन्हें कई बाधाओं का सामना करना पड़ा। अक्कमहादेवी बाधाओं को चुनौती देती हैं कि कल का आज, आज का अभी आने दो :

*कल जो आएगा, आज ही आने दो,*
*आज जो आएगा, अभी आने दो,*
*अब-तब मत कहो, हे चन्नमल्लिकार्जुन!*

स्त्री के प्रति शिवशरणों के मन में असीम गौरव की भावना थी। स्वस्थ समाज के लिए स्त्री के प्रति गौरव की भावना अत्यन्त आवश्यक है। शरण श्री सिद्धराम कहते हैं कि स्त्री, स्त्री मात्र नहीं बल्कि वह साक्षात् मेरा आराध्य कपिलसिद्ध मल्लिकार्जुन ही है :

*स्त्री, स्त्री मात्र नहीं,*
*स्त्री, राक्षसी नहीं,*
*स्त्री साक्षात् कपिलसिद्ध मल्लिकार्जुन है।*

बसवेश्वर कहते हैं कि यहाँ-वहाँ विचरते हुए कहीं पर भी स्त्री को नहीं देखूँगा। उसे मैं साक्षात् पार्वती समझूँगा जो जीवन का श्रेष्ठ मूल्य है :

*शपथ! आपकी शपथ, आपके शिवचरणों की शपथ,*
*जहाँ कहीं भी मन विचरण करेगा,*
*पर स्त्री को महादेवी कहूँगा हे कूडलसंगमदेव।*

परधन और परस्त्री को शरणों ने कभी स्वीकार नहीं किया। परस्त्री और परधन पर जो दृष्टि डालता है वह भगवान को भी सन्तुष्ट नहीं कर सकता। बसवण्णा का निम्न वचन देखिए :

*नीयत होनी चाहिए शरण की, परधन न चाहने की,*
*नीयत होनी चाहिए शरण की, परसति न चाहने की,*
*नीयत न रहनेवालों को अपनाते नहीं कूडलसंगमदेव।*

शिवशरणी सत्यक्का तो कहती हैं कि परधन, परस्त्री और परदेव त्यागने से बढ़कर कोई पूजा-पाठ, मंत्र-तंत्र, धूप-दीपारती नहीं है। समाज इनके लिए श्रेष्ठ है, व्यक्तिगत आध्यात्मिक साधना नहीं। सत्यक्का का यह वचन देखिए :

*अर्चन और पूजा व्रत नहीं,*
*मंत्र और तंत्र व्रत नहीं,*
*धूप, दीप और आरती व्रत नहीं,*
*परधन, परस्त्री, परदैव को नहीं चाहना ही व्रत है,*
*शंबुजकेश्वर में इन्हें दर्शन कराना ही व्रत है।*

शरण-शरणियों के काव्य से यह स्पष्ट हो जाता है कि इन्होंने नारी विमोचन, उसके सर्वांगीण विकास, और समाज में मुक्त वातावरण के निर्माण के लिए प्रयास किया। शायद भारत में बारहवीं शताब्दी में पहली बार नारी को अभिव्यक्ति स्वातंत्र्य मिला। इस अभिव्यक्ति स्वातंत्र्य ने स्त्री में सांस्कृतिक विवेक और प्रश्न करने की शक्ति दी, जो नारीवाद की सफलता की पृष्ठभूमि बनी। शिवशरणी गोग्गव्वे का एक वचन देखा जा सकता है :

*पुरुष यदि स्त्री से प्रेम करके*
*उसे अपनाता है तो वह*
*पुरुष का आभूषण मानी जाती है,*
*स्त्री यदि पुरुष से प्रेम करके*
*उसे अपनाती है तो इसे क्या कहा जाता है?*
*इस द्वि-विधा के द्वन्द्व से मुक्त होकर*
*समभाव से रहना ही सुख है*
*हे नास्तिनाथ! यही परिपूर्णता है।*

नारीवाद की दृष्टि से इस वचन का एक सुन्दर और अर्थपूर्ण स्त्री-विमर्श हो सकता है। पुरुषप्रधान समाज की पुरुषसत्ता से यहाँ स्त्री प्रश्न कर रही है और अपनी अस्मिता की स्थापना के लिए चुनौती दे रही है। कहती है, यदि कोई पुरुष

स्त्री से प्रेम करके विवाह करता है तो वह स्त्री पुरुष के लिए एक आभूषण मात्र बनकर रहती है। उसका अपना कोई स्वतंत्र व्यक्तित्व नहीं होता। वह हँसती, बोलती, उठती-बैठती भी है तो उस परदैव पति की आज्ञा और इच्छा के अनुसार ही। वह पति परमेश्वर के नाम के साथ मात्र पहचानी जाती है। स्त्री को लेकर यही इस समाज की स्वीकृत परम्परा है। पर शिवशरणी गोग्गव्वे का प्रश्न है कि यदि स्त्री पुरुष से प्रेम करती है और उस पुरुष से प्रेम-विवाह करती है तो उसे आप क्या कहेंगे? क्या वह पुरुष भी स्त्री के लिए एक आभूषण बनेगा?

यहाँ नारी की अस्मिता को सुरक्षित रखने के लिए शरणी गोग्गव्वे के विचार तीन-चार आयामों में काम कर रहे हैं :

(1) नारी को पुरुष के लिए आभूषण मात्र मानने की कैसी बात?
(2) स्त्री भी प्रेम कर सकती है।
(3) पति के चयन का उसे अधिकार है।
(4) पुरुष की श्रेष्ठता का विचार अर्थहीन है इसलिए स्त्री-पुरुषों के बीच भेद-भाव नहीं होना चाहिए।

इस जीवन में दोनों का अस्तित्व समान है। लिंग असमानता की भावना से मुक्त होकर समभाव से रहना ही सुख का समृद्ध मार्ग है एवं यही परिपूर्णता का मार्ग है।

आज स्त्रीवाद भी यही मानकर चल रहा है कि स्त्री-पुरुष भेद को दूर कर समभाव से रहना यही स्वस्थ समाज का द्योतक है। नारीमुक्ति के आन्दोलन में पुरुष का सहचिन्तन परमावश्यक है, स्त्री के साथ पुरुष की सह-यात्रा परमावश्यक है। इसलिए बारहवीं सदी का कन्नड़ वचन साहित्य स्त्री मुक्ति के लिए उत्साह का काल था।

स्त्रीवाद नारीमुक्ति का ही भाव नहीं बल्कि शोषित पुरुषवर्ग की मुक्ति भी चाहता है। शोषित समाज का उसकी ही भावना से मुक्ति चाहता है। स्त्री-पुरुष दोनों में स्वाभिमान और स्वावलम्बन की मानसिकता स्त्रीवाद प्रस्तुत करता है। एक-दूसरे के प्रति आदर का भाव भी स्त्रीवाद की बहुत बड़ी देन है। स्त्री तो पुरुष के प्रति आदर भाव रखती ही थी। पर शरण साहित्य के सन्दर्भ में शिवशरणों ने सदैव स्त्री व्यक्तित्व का आदर किया है। सिद्धराम शरण ने कहा है कि :

*स्त्री, स्त्री मात्र नहीं है, वह राक्षसी नहीं है,*
*स्त्री साक्षात् कपिलसिद्ध मल्लिनाथ है।*

बसवेश्वर अल्लम प्रभु, सिद्धरामेश्वर जैसे सभी शरणों ने स्त्री की महानता का इस प्रकार आदर करते हुए सामाजिक, सांस्कृतिक और धार्मिक आयामों में स्त्री व्यक्तित्व की जबरदस्त स्थापना की है।

स्त्री चिन्तन सम्बन्धी लेखन कार्य में महिलाएँ कई आयामों से लिख रही हैं। कन्नड़ साहित्य सन्दर्भ में आज लेखिकाएँ तीन क्षेत्रों में लिख रही हैं :

(1) परम्परावादी सामाजिक, धार्मिक और सांस्कृतिक व्यवस्था को स्वीकार करते हुए यजमान-संस्कृति का गुणगान, धर्म-कर्म और अन्धविश्वास की प्रशंसा करते हुए वास्तविकता-वैचारिकता और कलात्मकता की उपेक्षा करते हुए भ्रमात्मक लोक का निर्माण करनेवाली लेखिकाएँ।

(2) हर स्त्री समस्या के लिए पुरुष वर्ग को दोष देते हुए, समाज की मूल समस्याएँ जैसे गरीबी, बेरोजगारी, जातिव्यवस्था और असमानताओं की ओर ध्यान नहीं देते हुए स्वच्छंद लेखन।

(3) इन दो मार्गों से हटकर ऐतिहासिकता की पृष्ठभूमि में साहित्य-संस्कृति एवं जीवन का विवेचन करते हुए, स्त्री शोषण के इतिहास पर प्रश्न करते हुए, सम-संस्कृति की स्थापना के लिए जागरूक लेखनीवाली लेखिकाएँ।

आज कन्नड़ में अन्तिम प्रकार की लेखिकाओं की पीढ़ी समृद्ध है। आश्चर्य यह होता है कि आज तक लगभग आठ सौ वर्ष पूर्व वचन साहित्य के युग की स्त्रियों ने भी इसी आयाम के काव्य की रचना की है। स्त्री-पुरुष असमानताओं की जड़ परम्परा पर उन्होंने प्रश्न किए हैं :

*मिलन के सन्दर्भ में पति-पत्नी,*
*का अस्तित्व भिन्न हो सकता है,*
*ज्ञान के सन्दर्भ में भिन्नता कैसी?*

**—आय्दक्की लक्कम्मा**

*स्त्री को त्यागकर लिंगाराधना*
*की बात की जाती है*
*स्त्री और इष्टलिंग में क्या विरोध है?*

**—गजेश मसणय्या की पुण्य स्त्री**

वास्तविकता और वैचारिकता के स्तर पर स्त्री-पुरुषों की मानव शक्ति की समानता की बात इन कवियों ने की है :

*थन चोटी से स्त्री कहलाएगी,*
*मूँछ और काछ से पुरुष कहलाएगा,*
*दोनों में स्थित ज्ञान न स्त्री है न पुरुष,*
*हे नास्तिनाथ!*

**—गोग्गव्वे**

इस साहित्यिक आन्दोलन ने स्त्री में स्वाभिमान, स्वावलम्बन और निडरता का स्वभाव भर दिया था, जो स्त्रीवाद का मूल मंत्र है। अक्कमहादेवी लोकनिन्दा और संघर्षों से नहीं डरती थीं। उसमें स्त्री चिन्तन ने यहाँ तक साहस भर दिया था कि वह कहती हैं :

*कल जो आनेवाला होगा, आज आने दो,*
*आज जो आनेवाला होगा, अब आने दो,*
*अब-तब न कहो हे चन्नमल्लिकार्जुन!*

वे अध्यात्म के चिन्तन में भी बड़ी गहराई से डूब जाती हैं। शिवशरणों के साथ समान रूप से 'शिवयोग चिन्तन' में भाग लेती और लिखती हैं।

आज स्त्रीवाद की स्वस्थ अभिलाषा भी यही है कि स्त्री को इस समाज में व्यक्तित्व विकास के समान अवसर मिलें। उसमें स्वाभिमान एवं स्वावलम्बन हो एवं देश के सामाजिक, सांस्कृतिक, राजकीय-वित्तीय विकास में उसकी सक्रिय भागीदारी हो। इस लक्ष्य को हासिल करने के लिए चिन्तनशील और संघर्षशील स्त्रीवर्ग को विचारवान पुरुषवर्ग के सहयोग से जंग जारी रखना आवश्यक है। जग को अर्थपूर्ण और सक्रिय करने हेतु जहाँ कहीं भी प्रेरणा के प्रकाश-कण हों उसे सहज ही स्वीकार करना सही निर्णय है। विशेषतः जब भारतीय साहित्य-सांस्कृतिक इतिहास में ऐसे सन्दर्भ हैं तो उसे प्रेरणा के रूप में स्वीकार कर लेना चिन्तन के लिए प्रेरणा की असीम धाराएँ हैं।

जब सारा यूरोप सोया हुआ था, अमेरिका में सोलहवीं सदी में अभी गुलामी पद्धति जारी थी, हिन्दी साहित्य के भक्तिकाल में कबीर आदि संत जातिव्यवस्था और अस्पृश्यता का विरोध कर रहे थे, पर उन्होंने भी स्त्री को साधना के मार्ग में बाधक समझा था, वह भी चौदहवीं सदी में। तो वहीं बारहवीं सदी में कन्नड़ में महिलाएँ, विशेषतः श्रमिकवर्ग की महिलाएँ अधिक संख्या में काव्य लिख रही थीं। काव्य का उद्देश्य था सामाजिक हित और स्वस्थ समाज की स्थापना की परिकल्पना। शिवशरणियों के काव्य का आदर्श समाज था, सब प्रकार की समानताओं का समाज, शोषण रहित समाज, स्त्री वर्ग के स्वाभिमान का समाज। वेश्या वर्ग की स्त्री यहाँ काव्य की रचना करती थी, पुरुषवर्ग से प्रश्न करती, साथ-साथ चिन्तनशील पुरुष वर्ग का आदर भी करती थी।

अब मेरे सामने प्रमाण हैं कि हिन्दी में लिखा साहित्य ही भारतीय साहित्य नहीं है। हर भारतीय भाषाओं में लिखा साहित्य भारतीय साहित्य है। हाँ, हिन्दी में आज वह उपलब्ध है तो अधिक पाठकों तक, विशेषतः सभी भारतीय भाषाओं के सन्दर्भ में पढ़ रहे पाठकों तक भी पहुँच पाता है वहाँ के गिने-चुने हिन्दी पाठकों द्वारा।

इसलिए वचन साहित्य की शिवशरणियों की रचना हिन्दी द्वारा भारतीय स्त्री चिन्तन साहित्य का मुख्य पाठ्य हो। जनभाषा कन्नड़ में वचन साहित्य रचा गया। एक भाषा के विकास की चरम सीमा जिसे हम कह सकते हैं, वह यहाँ सम्भव हुआ था। एक वचनकार लिखते हैं, 'करोड़ों वचन लिखकर थक गया जी!' भले ही करोड़ों की संख्या में नहीं पर लाखों की संख्या में वचनों की रचना यहाँ हुई थी। अध्यात्म की सूक्ष्मातिसूक्ष्म और समाजमुखी सहज-सरल विचारों की अभिव्यक्ति की शक्ति इस भाषा को प्राप्त हुई थी। विशेषता यह है कि स्त्रीवर्ग भी समान रूप से इसके लिए कारण था।

# स्वस्थ दाम्पत्य स्वस्थ समाज

*सती-पती की एकोभाव भक्ति*
*शिवजी सहर्ष स्वीकार करता है*
*सती-पती की एकताहीन भक्ति*
*अमृत में विष डालने के समान होता है*
*देखो जी हे रामनाथ!*

**—जेडर दासिमय्य**

*दो नयनों की भक्ति एक दृष्टि में*
*देखने की तरह सती-पती एक भक्ति में*
*देखने से गुहेश्वर को भक्ति स्वीकार है।*

**—अल्लमप्रभु**

सती-पती में एकता का आचार-विचार एवं मनन-चिन्तन सार्वकालिक महत्त्व का दाम्पत्य तत्त्व है। सती-पती यदि विरुद्ध दिशाओं में सोचते और एक-दूसरों का विरोध करते रहते हैं तो परिवार टूट जाता है और अशान्ति एवं असुरक्षा भाव काम करने लगता है। परिवार के सदस्य अपने आपको असुरक्षित समझते हैं। टूटा हुआ परिवार कभी स्वस्थ समाज का निर्माण नहीं कर सकता। वैसा समाज व्यष्टि और समष्टि हित नहीं कर सकता है।

इसीलिए बसवादि शरण-शरणियों ने एक भाव और स्वस्थ परिवार की असीम प्रशंसा की है।

इस लेख के प्रारम्भ में प्रस्तुत जेडर दासिमय्य और शरण श्रेष्ठ अल्लमप्रभु के वचनों की पंक्तियाँ सती-पती एकता की भावनाएँ अभिव्यक्त कर रही हैं।

बारहवीं सदी के वचन साहित्य में अभिव्यक्त बसवादि शरणों की विचारधारा में परिवार और सती-पती जीवनमूल्यों का विवेचन यहाँ किया जा रहा है।

कन्नड़ साहित्य के इतिहास में बारहवीं सदी में विशेष प्रकार का एक साहित्यो-सामाजिक आन्दोलन हुआ। भारतीय इतिहास में इस सन्दर्भ में लगभग सभी निम्न जाति-निम्न वर्ग के लोगों को बोलने-लिखने का अवसर मिला। इस कालीन श्रमिक वर्ग कन्नड़ भाषा में वचन साहित्य की रचना करता है, अध्यात्म और समाजोन्मुखी चिन्तन करता है, अनुभव मंटप-अनुभव चिन्तन मंच- द्वारा विचारों का आदान-प्रदान करता है। इस आन्दोलन में स्त्री को अभिव्यक्ति स्वातंत्र्य मिलता है और लगभग सौ की संख्या में महिलाएँ, जो शिवशरणियाँ कहलाती हैं, काव्य की रचना करती हैं। आज नौ सौ वर्षों के बाद पैंतीस से अधिक शिवशरणियों का वचन साहित्य पाठकों के सामने उपस्थित है। महिलाएँ पुरुष विद्वानों के साथ विद्वत्तापूर्ण आध्यात्मिक चर्चा करती हैं, सामाजिक विकास के चिन्तन में समान रूप से भागीदारी करती हैं। इस सन्दर्भ में महिला शक्तिमूल का विकास चरमसीमा पर पहुँचा था—ऐसा कहने में कोई शंका नहीं होनी चाहिए।

यहाँ विचारशील सती और विचारवान पति के समन्वय से स्वस्थ परिवार की परिकल्पना करते हैं। सभी शिवशवरण-शिवशरणियों ने समानताओं के तत्त्व से सुन्दर दाम्पत्य की अभिव्यक्ति की है। अपने वचनों में सती-पती के अधिकारों को समान रूप से देखते हैं। इनके परिवारों में न पुरुष श्रेष्ठ है और न स्त्री कनिष्ठ है। दोनों में समानता है। लौकिक जीवन में मात्र नहीं अलौकिक आध्यात्मिक जीवन में भी सती-पती समान हैं।

डक्केय बोम्मण्ण नामक एक शरण ने दाम्पत्य में स्त्री-पुरुष दोनों की समानता की अभिव्यक्ति इस प्रकार की है। इनका एक वचन देख सकते हैं—

*कहते हैं सती का स्वभाव पति देखता है*
*क्या सती, पति का स्वभाव देख सकती है?*
*क्या सती से प्राप्त बीमारी में पति की बुराई नहीं है?*
*पति से प्राप्त बीमारी में सती की बुराई नहीं है?*
*दो नयनों में एक की हानि से शरीर की हानि है*
*इसे समझोगे तो कालांतक भीमेश्वरलिंग को समझ सकोगे।*

**—डक्केय बोम्मण्ण**

यहाँ तात्पर्य यह है कि दाम्पत्य में सती-पती में एक की बुराई दूसरे की भी बुराई है, और एक की अच्छाई में दूसरे की अच्छाई है। इसी तरह दोनों के हित-अहित में ही परिवार का भी हित-अहित निहित है और सन्तान का स्वास्थ्य-अस्वास्थ्य भी पती-सती के स्वास्थ्य-अस्वास्थ्य पर निर्भर करता है। उपरोक्त वचन में प्रारम्भ की दो पंक्तियाँ असमानता की अभिव्यक्ति करती हैं तो

तीसरी-चौथी पंक्तियों में 'समानता' के सूक्ष्म प्रश्न हैं। 'सती' 'पती' शब्द दाम्पत्य सम्बन्धी शब्द हैं। समानता है तो परिवार का पूर्ण विकास है,परिवार के विकास में देश का विकास है। इसे शरण संकुल भली-भाँति जानता था।

शिवशरणों का सोचना था कि हमें अपने परिवारों को परिश्रम प्रेमी करना है, समानता प्रेमी करना है, दया-करुणामयी करना है, सबका सब प्रकार से हित चाहता परिवार करना है। स्वस्थ दाम्पत्य से स्वस्थ परिवार की सदिच्छा थी उनकी।

संन्यास इनका जीवनमूल्य नहीं था। वे परिवार प्रेमी थे। वास्तविकता के स्तर पर आदर्शवान जीवन सुख, और इससे सामाजिक सुख (Social peace) वे चाहते थे। लौकिक-अलौकिक इन दोनों को एक-दूसरे की आपूर्ति के माध्यम मानते थे। ये आगे चलकर कहते हैं कि प्रकृति धर्म के अनुसार दाम्पत्य में रतिसुख भोगने के साथ सात्त्विक मार्ग से जीवन को परिपूर्ण करना है। इसीलिए सती-पती सुख जीवन द्वारा सिद्धि साधना के मार्ग पर चलना श्रेष्ठ दाम्पत्य जीवन है। इस साधना के शिखर पर पहुँचे हुए कई दम्पती वर्ग शिवशरण-शिवशरणियों में उदाहरण हैं।

बसवेश्वर ने अपने एक वचन में कहा है कि रति सुख का संयम व्यक्तित्व विकास में और सामाजिक विकास में बाधा है—

*रति संयम करने से*
*सामने आकर दोष सताते हैं*
*सामने आकर पंचेन्द्रिय सताते हैं,*
*क्या सिरियाळ-चंगळे ने*
*रति सुख त्याग किया था?*

*क्या सिन्धु बल्लाळ ने*
*सती-पती रति भोग का त्याग किया था?*

**—बसवेश्वर**

शिवयोगी सिद्धराम ने भी अपने एक वचन में लिखा है : भक्त का मन यदि स्त्री सुख, मिट्टी और स्वर्ण चाहता है तो सत्य मार्ग से प्राप्त कर भोगना चाहिए—

*भक्त का मन यदि स्त्री सुख चाहता है*
*तो विवाह कर स्त्री सुख भोगना चाहिए*
*भक्त का मन यदि भूमि सुख चाहता है*
*तो भूमि खरीद कर घर बनाना चाहिए*

*भक्त का मन यदि स्वर्ण सुख चाहता है*
*तो परिश्रम कर प्राप्त करना चाहिए।*

**—सिद्धराम**

इनका सोचना है कि दाम्पत्य जीवन में प्रवेश करने के पश्चात् अन्तिम जीवन तक आदर्श दाम्पत्य जीवनयापन करना चाहिए। केदार गुरु लिखते हैं—

*सत्य दर्शन के बाद*
*क्या दाम्पत्य को त्यागना चाहिए?*
*सत्य दर्शन के बाद*
*स्वीकृत सती को त्यागने से*
*अघोर नरक में जाओगे*
*हे! केदार गुरु देवा!*

**—केदार गुरु**

शरण साहित्य में सद्भाव दाम्पत्य जीवनयापन करते हुए अध्यात्म साधना में सिद्धि प्राप्त कर लिंगांग सामरस्य-सुख के कई सफल उदाहरण हैं। पारिवारिक जीवन द्वारा अध्यात्म साधना से 'लिंग पति-शरण सती' तत्त्व के शिखर पर कई शरणजीवी पहुँच चुके थे।

भारतीय चिन्तन परम्परा में सत्री को पुरुष का आभूषण कहा जाता है, पुरुष के पीछे-पीछे चलने की छाया मानी गई है। पर वचन साहित्य के स्त्री चिन्तन में वह न पुरुष का आभूषण है, न ही पुरुष की छाया। उसका एक अपना अस्तित्व है। इसीलिए परिवार में स्त्री-पुरुष स्वतंत्र होते हुए दोनों एक की गाड़ी के दो पहिया हैं। 'कनक कांचन और मिट्टी' जैसे शब्दों का प्रयोग हमारे यहाँ है। स्त्री भी अपने अस्तित्व पर गर्व करती है, और पुरुष भी स्त्री का आदर करता है। एक शिवशरणी गोग्गव्वे का वचन प्रसिद्ध है—

*पुरुष प्रेम से स्त्री को अपनाता है*
*तो उसे एक का आभूषण कहा जाता है,*
*स्त्री यदि प्रेम से पुरुष को अपनाती है*
*तो इसका क्या उत्तर हो सकता है?*
*इस भेदभाव को मिटाकर देखने से ही नास्तिनाथ परिपूर्ण लगता है जी!*

**—गोग्गव्वे**

यहाँ स्त्री प्रश्न कर रही है कि यदि प्रेम करके पुरुष स्त्री से विवाह करता है तो उसे पुरुष का आभूषण समझते हैं तो यदि स्त्री प्रेम कर पुरुष से विवाह करती

है तो उसे आप क्या कहेंगे? वास्तव में स्त्री-पुरुष इन दोनों में न कोई बड़ा है न कोई छोटा है। कहती है कि दोनों में भेदभाव को त्याग कर दोनों के स्वतंत्र व्यक्तित्व को स्वीकार कर भक्ति करोगे तो सहज ही तुम्हारा देव नास्तिनाथ प्रसन्न होगा। यहाँ स्त्री-पुरुष दोनों की समानता की बात तो कर रही है, साथ-साथ वह स्थापित कर रही है कि स्त्री भी प्रेम कर सकती है एवं अपनी इच्छा के अनुसार पति का चयन कर सकती है। तब परिवार स्तरीय होगा, स्तरीय सन्तान समाज को दे सकेगा। सभी वचनकारों ने सती-पती में असमानता का विरोध किया है और समानता की स्थापना का प्रयास किया है।

वचन संस्कृति में अर्थात् वचन साहित्य में अभिव्यक्त लिंगायत दाम्पत्य में और ऐसे परिवारों में वैज्ञानिक मनोभावना की प्रधानता देखी जा रही है। 'वैज्ञानिक मनोभावना' आधुनिक परिकल्पना होगी, पर इसका सदाशय है वैचारिकता के आधार पर, 'कार्य-करण' तत्त्व के आधार पर जीवन चलना चाहिए। दाम्पत्य-परिवार और सामाजिक जीवन में वास्तविकता, स्वस्थ जीवन भक्ति, जिसमें व्यष्टि-समष्टि हित का आचार-विचार होना चाहिए। अन्धविश्वास और अन्धाचरणों का तिरस्कार होना चाहिए हमारे परिवारों में। अलौकिक और भ्रमात्मक विश्वासों में धर्म के नाम पर आम लोगों का शोषण होता है। शरण संकुल इसका पूर्ण रूप से विरोध करते थे।

सगर बोम्मण्ण का एक वचन स्पष्ट करता है कि सन्तानोत्पत्ति में स्त्री-पुरुष का प्रेम मिलन कारण है, न कि ब्रह्मा का कृपाशीर्वाद। सहज प्रकृति क्रिया में विश्वास करो जी—

*पिता मिलन करता है*
*माता मिलन स्वीकार करती हैं*
*दोनों के योग में सन्तानोत्पत्ति है*
*इसमें ब्रह्मा का कृपाशीर्वाद को स्थान कहाँ?*
*हे सगर बम्मवर तन-मन संगमेश्वर!*

**—सगर बोम्मण्ण**

अलौकिक शक्ति पर शिवशरण विश्वास नहीं करते बल्कि मनुष्य शक्ति और उसकी क्रियाशीलता पर विश्वास करते हैं। लिंगायत दाम्पत्य और परिवारों में इस वास्तविक विश्वास की प्रधानता है। अन्ध आचार-विचारों के विरोध में अभिव्यक्त एक-दो वचन उदाहरण के लिए देखा जा सकता है—

*आँख बन्द कर दर्पण दिखाने की तरह*
*रात-दिन की नींद पर्याप्त नहीं है?*
*जपमाला गिन कर परमार्थ प्राप्ति का विचार*

*क्या एक व्यंग्य नहीं है? कहो न?*
*नाक बन्द कर मुक्ति चाहनेवाले*
*बेशर्मों को मैं क्या कहूँ, हे कूडलसंगमदेव!*

**—बसवेश्वर**

इसी दिशा में शरण सोड्डळ बाचरस का एक वचन भी विशेष है—

*इस पत्री से यह फल मिलता है*
*इस फूल से यह फल मिलता है*
*इस पूजा से यह फल मिलता है*
*जैसे सोच के ये भक्त कर्मफलापेक्षी हैं*
*स्वर्ग-नरक पर विश्वास करनेवाले कर्मी हैं*
*परिश्रम से प्राप्त फल ही*
*मृडदेव सोड्डळदेव को समर्पण योग्य है*
*हे बेडगिन शिवपुत्र!*

**—सोड्डळ बाचरस**

आश्चर्य होता है कि मन्दिरों में इतने रुपयों की आरती-पूजा, इस पुष्प से यह फल आदि भ्रमों से भक्तों को लूटा जाता है। सोड्डळ बाचरस का मानना है कि ऐसी भक्ति व्यर्थ है। शुद्ध मार्ग से परिश्रम करके जो फल प्राप्त होता है वही अपने इष्टदेव को समर्पण करने योग्य होता है।

इस प्रकार शरण मार्ग के परिवारों में अन्धानुकरण की पूजा में समय बिताने के स्थान पर सत्य मार्ग का परिश्रम प्रशंसनीय है। इस मार्ग में सत्य शुद्ध कायक (श्रम) की प्रधानता है जो स्वस्थ समाज के लिए अनिवार्य होना चाहिए। यहाँ परिश्रम करने से और बाँटकर खाने की दासो (दासोह) परम्परा से अपने आराध्यदेव को भी छुटकारा नहीं है। गुरु-लिंग-जंगम को भी सत्य-शुद्ध-कायक करना अनिवार्य है। जो समाज परिश्रम प्रेमी होता है, वह समाज शोषणों से मुक्त समाज होता है। श्रमशील सती-पती और परिवार स्वस्थ सामाजिक व्यवस्था का कारण होता है। श्रम संस्कृति (कायक संस्कृति) के कारण से परिवार स्वाभिमान और नीतिवान होते हैं।

वचन साहित्य की शरण परम्परा को विधि, विधिलेख और विधिलीला में विश्वास नहीं है। वैचारिक क्रिया-प्रतिक्रिया, स्वावलम्बन और स्वाभिमान एवं ज्ञानमार्ग शरण साहित्य के परिवारों की विशेषता है। विधिमार्ग का तिरस्कार एवं व्यक्ति शक्ति के स्वीकार को लेकर एक-दो वचन देखे जा सकते हैं—

*सुख का कारण विधि, सुख का कारण सिद्धि लेख,*
*सुख का कारण पुण्य, सुख का कारण कर्म,*

*कहते हैं ये सिद्धान्ती।*
*सुख विधि कहते हो पर क्रिया में*
*इसका सत्यदर्शन होता है*
*सुख विधि नहीं है,*
*विधि तो कपिलसिद्ध मल्लिकार्जुन*
*में मिलन होने में है जी।*

**—सिद्धरामेश्वर**

शरण सिद्धरामेश्वर का कहना है कि सुख विधि, विधिलेख या विधिलीला में नहीं है, पर वह तो अपनी भक्ति अपने आराध्यदेव के सामरस्य में होता है। इसकी अभिव्यक्ति शरण मादारधूळय्य का एक वचन अत्यन्त ही रोचकता से करता है। इनकी भक्ति से सन्तुष्ट परमेश्वर दर्शन देता है तो धूळय्या का कहना है कि मेरे कायक (श्रम) में बाधा मत बनो, उनके पास जाओ जो तेरे दर्शन के लिए तपस्या कर रहे होंगे। मेरे लिए तो कायक ही श्रेष्ठ भक्ति है। एक वचन देखिए जिसमें सत्य शुद्ध कायक की महत्ता पर प्रकाश डाला गया है—

*सत्यशुद्ध 'कायक' से कमाकर*
*धोखाधड़ी के बिना, लौकिक भाव मिटाकर*
*प्रतिदिन जंगन 'दासोह' करानेवाले,*
*सद्भक्त के ह्रदय में स्थिर रहता है।*
*हमारा कामधूप धूळेश्वर।*

**—मादार धूळय्या**

शरण हड़पद अप्पण्णा ने भी कहा है कि तीर्थ यात्रा या लिंगदर्शन से मुक्ति की बात भ्रम मात्र है—

*तीर्थयात्रा और लिंगदर्शन*
*की यात्रा कर कर्ममुक्ति की बात*
*करनेवालों पर विश्वास नहीं किया जा सकता है,*
*इससे अविवेकी तीर्थयात्रा लिंगदर्शन*
*के गुणगान करनेवालों का मुँह देखा नहीं जाता जी।*

**—हड़पद अप्पण्णा**

आदर्श दाम्पत्य जीवन में सती-पती एकोभाव से इस जीवन को सुखी बनाते हैं। सुख-दुख में दोनों समान रूप से प्रतिभागी हुआ करते हैं। दोनों एक हैं तो जीवन में एकता भाव है, एकता भाव में व्यक्ति, परिवार, समाज और देश शक्तिवान

बनता है। एकता टूटती है तो दोनों की शक्ति कमजोर पड़ती है। श्रेष्ठ दार्शनिक अरिस्टोफेनिस ने कहा है कि तीव्र गति से चक्र में गतिमान गेंद को उसकी शक्ति कमजोर करने के लिए भगवान ने उसे दो भागों में विभाजित किया है, वे दो भाग स्त्री-पुरुष कहलाते हैं, और वे दोनों प्रभाग एक होने के लिए लगातार प्रयास करते रहते हैं। इसे समझ सकोगे तो स्त्री-विमर्श और वचन साहित्य स्पष्ट रूप में समझ में आता है। आधुनिक स्त्री विमर्श कहता है कि जीवन का जितना उत्तरदायित्व पुरुष का होता है उतना ही उत्तरदायित्व स्त्री का भी होता है। और वह इसे भलीभाँति निभाना जानती है। सती-पती भाव में इसी शक्ति का दर्शन वचन साहित्य के सन्दर्भ में अधिक संख्या में सती-पती शिवशरण एवं शिवशरणियों में और उनके वचन साहित्य में देखने को मिलता है। स्त्री विमर्श के कई अध्ययनों से यह स्पष्ट है कि महिला पुरुषों से तीन गुना अधिक काम करती हैं। महान मानव संसाधन की केन्द्र शक्ति महिला की उपेक्षा युग-युगों से हर देश और काल में होती ही आई है। शरण-साहित्य के सन्दर्भ में स्त्री के मानव संसाधन का पूर्ण रूप से सामाजिक विकास के लिए होना एवं परिवारों में सती-पती को सांस्कृतिक विकास के लिए पूर्णरूपेण अवकाश मिलना एक रोचक बात है।

वचन साहित्य के सन्दर्भ में सती-पति दोनों ने समान रूप से आध्यात्मिक, साहित्यिक और सामाजिक चिन्तन में भाग लिया है। सती-पती दोनों ने वचन रूपी काव्य की रचना की है। हमारे अपने आधुनिक युग में भी कई लेखकों की पत्नियाँ पढ़ी-लिखी तो होती हैं, पर साहित्य में उनका योगदान बहुत कम होता है। महिलाओं को लिखने की इच्छा है, प्रारम्भ में एकाध लिखती भी हैं पर पति महाशय से प्रेरणा और सहयोग कम ही मिलता है। सती वर्ग की प्रतिभा का, काव्य सृजन की अभिलाषा का सर्वनाश ही होता है। भारतीय किसी भाषा साहित्य के सन्दर्भ में ऐसे सैकड़ों उदाहरण हैं। पर हम देखते हैं कि वचन साहित्य के सन्दर्भ में सती रूपी महिलाओं ने काव्य की रचना की है। अर्थात् परिवार में पति-पत्नी दोनों मिलकर साहित्य की चर्चा करते हैं, साहित्य सृजन होता है, एक-दूसरों का साहित्य पढ़ते हैं। अनुभव मंटप में, जहाँ काव्य-अध्यात्म-सामाजिक समस्याओं की चर्चा होती थी, सती-पती बड़े उत्साह से और समानता के मानसिक स्तर से भाग लेते थे। परिवार और दाम्पत्य में स्त्री की अस्मिता का आदर था। विश्व के साहित्यिक  और सांस्कृतिक इतिहास में ऐसे उदाहरण विरले हैं।

जिस परिवार में पति-पत्नी दोनों साहित्य, संस्कृति, अध्यात्म चिन्तन और समाज सेवा में लगे रहते हों, वैसे परिवारों की नई पीढ़ी को अपने आप जनसंस्कृति की, देशप्रेम की, औरों के सुख-दुख में भाग लेने की दीक्षा मिल जाती है। खलील जिब्रान ने कहा है, कि हमारे बच्चे हमारे अपने नहीं होते, वे देश के होते हैं।

हमारे द्वारा देश को दी गई सम्पत्ति होती है नई पीढ़ी। सुसंस्कृत पीढ़ी का निर्माण शरण संस्कृति के परिवारों में होता था। शरण संस्कृति के सती-पती कवि वर्ग के निर्माण में, कलाकार दार्शनिक वर्ग के निर्माण में लगे रहते हैं। शरण संस्कृति के परिवारों के घर आश्रम जैसे हुआ करते थे, अनुभव मंटप जैसे हुआ करते थे, अनुभाव केन्द्र जैसे हुआ करते थे। वचन साहित्य के घर दार्शनिकों के घरों जैसे होते थे। पत्नी पति को दार्शनिक और नीति पाठ पढ़ाया करती थी। एक उदाहरण दिया जा सकता है। आय्दक्की मारय्या और आय्दक्की लक्कम्मा पति-पत्नी एक आदर्श दाम्पत्य जीवन व्यतीत कर रहे थे। अनुभव मंटप में बसवेश्वर, अल्लमप्रभु, सिद्धराम, चन्नबसवण्णा, मादार चन्नय्या, डोहर कक्कय्या आदि शरण संकुल के चिन्तन-मंथन में भाग लेते रहते थे। आय्दक्की मारय्या एक दिन उस दिन की आवश्यकता से अधिक चावल लाते हैं। पत्नी लक्कम्मा सोचती है कि मेरे पति में यह दुराशाभाव कहाँ से आया। आवश्यकता से अधिक की आशा करना और आवश्यकता से अधिक संग्रह करना। तो सामाजिक अपराध है। पति से कहती है कि आपमें यह दुराशा कहाँ से आई? जाइए चावल जहाँ से लाए हैं, वहीं लौटाइए।

मारय्या पत्नी के इस आदेश का सविनय पालन करते हैं और एक सन्दर्भ में पति आय्दक्की मारय्या शरणों की संगोष्ठी में व्यस्त थे। जब काम का समय हुआ था और संगोष्ठी जारी थी, पत्नी ने कहा, 'जाइए-जाइए कायक (काम) का समय हुआ है। संगोष्ठियों का भी अपना समय होता है, काम करने का अपना समय होता है। काम पर जाने के लिए देरी करना अच्छी बात नहीं है।' मारय्या चुपचाप चले जाते हैं। तात्पर्य यह कि वचनान्दोलन ने समाज में श्रम के प्रति आदरभाव, स्त्री के अस्तित्व को स्वीकार करना एवं आदर करना, इन आदर्शों को आत्मसात् करने का पाठ पढ़ाया था।

इनके दाम्पत्य में समरसता, पारिवारिक और सामाजिक जनवादी वित्तशास्त्र (Social People Economics) का दिग्दर्शन होता है। शरण संस्कृति में सत्यशुद्ध कायक अर्थात् सत्यमार्ग और शुद्ध उद्‌देश्यों से परिश्रम करने का महत्त्व तो है ही, इसकी अभिव्यक्ति भी है। शुद्धात्मक परिश्रम में एक व्यक्ति या परिवार अथवा समाज अपने को व्यस्त करता है तो अवश्य ही धन की समृद्धि निश्चित है, धनलक्ष्मी भी प्रसन्न होती हैं।

कायक के महत्त्व को अभिव्यक्त करता हुआ आय्दक्की मारय्या का एक वचन है जिसका पूर्ण प्रभाव वचन साहित्य के परिदृश्य पर पड़ा है। कायक संस्कृति और वचन साहित्य के चिन्तन पर जब कभी बात चलती है तो इस वचन का स्मरण किया जाता रहा है। मारय्या कहते और लिखते हैं कि जब तुम परिश्रम में लगे रहे हो तो गुरु-लिंग-जंगम भी यदि तुम्हारे सामने खड़े हों तो उनकी उपेक्षा

करनी चाहिए। तात्पर्य यह है कि पहले काम पूरा करो बाद में दूसरे विचारों की ओर देखो। गुरु-लिंग-जंगम वचन साहित्य और शरण संस्कृति की ही अपनी परिकल्पना है। 'गुरु' का विशेष अर्थ है यहाँ। गुरु तो वो है जो जीवनदर्शन, साहित्य दर्शन और दार्शनिक दर्शन के मार्ग में मार्गदर्शन करता हो। शिष्य के साथ संवाद करता हो। पर इस मार्ग में गुरु अपने जीवनकाल में ही शिष्य के ज्ञान और विचारों का आदर करता है। ज्ञान और साधना-सिद्धियों के मार्ग में शिष्य भी अपने गुरु के समकक्ष में बैठा और चिन्तन प्रस्तुत करता है।

लिंग भी एक परिकल्पना है जो आध्यात्मिक साधना के मार्ग में मन्दिरों के महत्त्व को नकारता है। बसवेश्वर ने तो कहा है कि मेरा शरीर ही देवालय है, पैर ही उसके मीनार हैं तो सिर ही उस मन्दिर का स्वर्ण कलश है। 'लिंग मध्ये जगत सर्वं' की तरह उस लिंग में ही सारा विश्व और जीव जगत् समाया हुआ है, इसलिए उसकी आराधना सर्व जीव-जगत् की आराधना है। वह श्यामवर्ण का लघु अर्ध गोलाकार है जिसे बायें हस्त-हथेली पर रखकर दो नयनों की दृष्टि केन्द्रित कर ध्यान किया जाता है। इससे आध्यात्मिक साधना में मन केन्द्रित होता है, ध्यानस्थ स्थिति प्राप्त होती है। जो इसे अपनाते हैं उनको मन्दिर जाने की आवश्यकता नहीं होती है। 'जंगम' का तात्पर्य है चलनशील-क्रियाशील। जंगम का अर्थ शरण मार्ग में यह 'समाज' जो व्यष्टि-समष्टि हित में सदैव सक्रिय है। गुरु-लिंग-जंगम में 'लिंग' व्यष्टि है, 'जंगम' समष्टि है और गुरु इन सबके समन्वयकार हैं। यहाँ इस वचन में मारय्या का कहना है कि गुरु-लिंग-जंगमों के प्रति हमारे दिल में आदर है पर इससे बढ़कर परिश्रम के प्रति आदर होना आवश्यक है। उनका यह वचन देखिए—

*यदि कायक में व्यस्त हो तो*
*गुरुदर्शन को भी भूल जाना चाहिए*
*लिंग आराधना भी भूल जाना चाहिए*
*जंगम सम्मुख होने पर भी चिन्ता नहीं करनी चाहिए*
*कायक ही कैलास है इसलिए*
*अमरेश्वरलिंग भी कायक में ही निहित है।*

**—आय्दक्की मारय्या**

परिश्रम करना ही कैलास प्राप्ति के आनन्द के समान है। 'कायक ही कैलास' सूक्ति इस शरण संस्कृति का बीज मंत्र जैसा जनप्रिय हुआ है। पति कायक (परिश्रम) के प्रशंसक हैं तो पत्नी आय्दक्की लक्कम्मा भी कायक के महत्त्व की प्रशंसा करती हैं और कहती हैं कायक से घर-परिवार एवं कायकनिष्ठ समाज धन

सम्पत्ति से समृद्ध होता है। जिनका मन शुद्ध नहीं है वो श्रमजीवी नहीं बन सकता। श्रमजीवी नहीं है तो गरीबी और अभावग्रस्त जीवन व्यतीत करना अनिवार्य हो जाता है। चित्तशुद्धि से कायक करने से चारों ओर लक्ष्मी छा जाती हैं और वह व्यष्टि-समष्टि के विकास का कारण बनता है। लक्कम्मा ने भी इस दिशा में एक वचन की रचना की है। देखिए—

*जिसका मन शुद्ध नहीं है*
*उसे धन की गरीबी होती है*
*मन की शुद्धि से कायक करने पर*
*उस सद्भक्त को जिधर देखो उधर*
*लक्ष्मी अपने आप बहुत कुछ देती है।*
*मारय्यप्रिय अमरेश्वरलिंग की सेवा करने पर सिद्धि है।*

**—लक्कम्मा**

दाम्पत्य जीवन में सती-पती दोनों का एक विचार होना और विचारों के अनुसार आचरण भी रखना अनिवार्य होता है। इससे परिवार शान्ति समृद्धि से भरा रहता है। ऐसे आदर्श दाम्पत्य के समृद्ध उदाहरण वचन साहित्य की शरण संस्कृति में उपलब्ध हैं।

# मोळिगे मारय्या : मोळिगे महादेवी दम्पती

मोळिगे मारय्या और पत्नी महादेवी बारहवीं सदी में बसव कल्याण (आज का नाम, पहले कल्याण कहा जाता था) के वचन साहित्य आन्दोलन जिसे शरण आन्दोलन भी कहा जाता है, के प्रमुख आदर्श शरण दम्पती थे। इनके बारे में कहा जाता है कि ये लौकिक और अलौकिक सिद्धि और साधना में शुद्ध स्वर्ण की तरह अपने व्यक्तित्व को स्थापित किया था। वचन साहित्य की विशेषता थी उसका बहुत्व। अर्थात् बहुत संख्या में सामाजिक विभिन्न वर्ग वर्णों से, विभिन्न प्रादेशिक भूभाग से कल्याण के अनुभव मंटप में अध्यात्मिक और सामाजिक चिन्तन हेतु शरणकुल के ज्ञानी जमा हुए थे। कर्नाटक के कोने-कोने से तो आए ही थे, पर महाराष्ट्र, सौराष्ट्र, अफगानिस्तान, कश्मीर और इस प्रकार कई प्रदेशों के शिवशरण-शिवशरणियाँ कल्याण में आए थे। इनमें मोळिगे मारय्या और महादेवी दम्पती सुदूर कश्मीर से आए थे।

कश्मीर के बारे में तो कहा जाता रहा है कि वह धरती का स्वर्ग है। अपनी प्राकृतिक सुन्दरता के लिए यह प्रसिद्ध था और भारत के कोने-कोने से आकर इसकी प्राकृतिक सुन्दरता का लाभ उठाते थे।

ऐसे कश्मीर भूभाग में सवालाक्ष पर्वत प्रदेश गुफाओं, नदी, झरनों और जंगल की हरीतिमा से समृद्ध सुन्दर प्रदेश था। इस प्रदेश का राजा महादेव भूपाल और निजदेवी राजा की पत्नी थी। लिंगारती इस राजदम्पती का पुत्र और युवराज था। निजदेवी राजा की बहन थी। पांडवपुर इस राज्य की राजधानी में ये राजा-रानी प्रजाओं के हित में अपना हित समझते हुए राज्यपालन करते थे। राजा शैवोपासक थे और जंगमवर्ग के प्रति बड़ी निष्ठा रखते थे। कहा जाता है कि प्रति दिन छह हजार जंगमों की आराधना होती थी। रानी भी पति के योग्य पत्नी थी। वह भी राजा के दासोह में तहेदिल से सहयोग देती थी। जंगम दासोह में कोई बाधा न हो ऐसा व्यवहार उनका होता था।

राजा-रानी इस प्रकार प्रामाणिक और शुद्ध मन से जनता की सेवा करते हुए जंगम दासोह करते हुए एक आदर्श जीवनयापन कर रहे थे।

इधर कल्याण में कायक-दासोह तत्त्व के साथ सब प्रकार की समानता के लिए बसवेश्वर के नेतृत्व में शरणान्दोलन चल रहा था। अध्यात्मिक और लोकहित के कार्यों में जनता व्यस्त थी। देश के कोने-कोने से शरण वहाँ इकट्ठे हो रहे थे। अनुभव मंटप में सभी जाति-वर्ग के कायकजीवी शरण कुल भाग लेता था। वहाँ स्त्री-पुरुष, दलित और उच्चकुल के शरण समानता के स्तर और भाव से चर्चा-परिचर्चाओं में भाग लेते थे। लगभग सभी शरण-शरणियाँ कम या अधिक वचन साहित्य की रचना करते थे। विवेकवान सभी शरण लोगों में स्थित अन्धविश्वास विचारहीन आचरणों को दूर करने के प्रयास करते थे। तन-मन की शुद्धता, व्यष्टि-समष्टि के हित में समान प्रयास, अन्तरंग-बहिरंग की प्रामाणिकता, लौकिक-अलौकिक चिन्तन क्रम उन दिनों कल्याण में सामाजिक जीवन की रीति बन गई थी। समानताओं की सामाजिक स्थिति की स्थापना के लिए चल रहे प्रयासों की वजह से एक नया नवीन युग ही देखने को मिल रहा था। इस प्रकार के अध्यात्मिक एवं सामाजिक परिवर्तन के नवयुग से आकर्षित होकर दूर-दूर से ज्ञानजिज्ञासु लोग आने लगे थे।

इस प्रकार, क्रान्तिकारक सामाजिक परिवर्तनों के विचारों के प्रचार करते-करते कई जंगमों की एक टोली कश्मीर की राजधानी पांडवपुर भी पहुँच चुकी थी। कर्नाटक और कश्मीर के सांस्कृतिक सम्बन्धों के बारे में ऐतिहासिक तथ्य भी है। कर्नाटक के कल्याण में चल रही त्रिविध-दासोह की रीति के बारे में यात्री जंगमों से जानकर कश्मीरी जंगम भी प्रभावित हुए और कल्याण जाने का निर्णय किया। सवालाक्ष के सब जंगम कायक-दासोह तत्त्व के विवेक प्राप्त करने के लिए अनुभव मंटप में अनुभाग लेने के लिए कल्याण के जंगमों के साथ कल्याण चले आते हैं। सब जंगमों के कल्याण जाने से महादेव भूपाल को नित्य जंगमार्चन के लिए जंगमों की अनुपस्थिति सताने लगी। बसवण्णा के तात्त्विक व्यक्तित्व और कल्याण की साहित्य-सामाजिक क्रान्ति से आकर्षित होकर ये जंगम गए थे। कल्याण में ऐसा क्या लोकहित कार्य हो रहा है यह जानने के लिए और एक रिपोर्ताज की तरह जानकारी लाने के लिए अपने कुछ दूतों को राजा कल्याण की ओर भेज देते हैं। ये दूत तो बसवण्णा के समाजसेवी, दया का सागर, समानताओं के मसीहा जैसे बहुआयामी व्यक्तित्व से प्रभावित हुए और अपने आत्मोद्धार के लिए वहीं रहने लगे। अपने आकर्षक और समष्टि हितों के व्यक्तित्व से बसव और सब शरणों ने देशभर के भक्तों को कल्याण की ओर आकर्षित किया था। कश्मीर राजा के दूत भी बसव भक्त बन गए और अनुभव मंटप के शरण सदस्य हो गए। वह दूत अय्य (शरण) चिक्कय्य बनकर सिद्धि साधना में लग गया। आगे चलकर शरण निजलिंग के नाम से अनुभावी शरण ने वचन साहित्य की रचना की है। इनकी प्रशंसा में अथवा चिक्कय्या के प्रति आत्मीयता दर्शाने के लिए बसवण्णा ने अपने वचन में 'चिक्कय्या

अपने हैं जी', (चिक्कय्य नम्मय्य काणिरय्या) कहा है। यों तो कहा जाता है कि यह दूत बसवण्णा के प्रति क्रूर भाव लेकर ही आए थे, और अन्त में महासाधक बन गए। प्रेम में जमा करो या खर्च—उसमें लाभ ही लाभ होता है।

इसके साथ एक अन्य आधुनिक सन्दर्भ को भी स्मरण करना अनुचित नहीं होगा। महाराष्ट्र में दलित, स्त्री एवं विशेषकर दलित महिलाओं को शिक्षण देने में महात्मा ज्योतिबा फुले और सावित्रीबाई फुले का बहुत बड़ा हाथ है। लाख बाधाओं का सामना करते हुए उन्होंने अक्षरों की सहायता से दलित वर्ग के विकास और विमोचन के लिए कार्य किया था। वह शिक्षण और ज्ञान दे रहा है इसलिए एक क्रूर और विवेक विरोधी वर्ग ने ज्योतिबा फुले की हत्या करने के लिए हत्यारों को भेज दिया था। वे हत्यारे ज्योतिबा के आकर्षक ज्ञान के प्राकश के व्यक्तित्व से प्रभावित होकर उनके अनुयायी बनते हैं। इतना मात्र नहीं बल्कि संत होकर साहित्य की रचना भी करते हैं, एवं ज्योतिबा की लोककल्याण की विचारधारा के प्रचारक बन जाते हैं। शरण साहित्य-सामाजिक आन्दोलन का एकाध प्रभाव तो यहाँ रहा होगा क्या?

कश्मीर राजा महादेव भूपाल को पता चला कि उनके दूत शरण बन गए हैं और वचन साहित्य की रचना भी कर रहे हैं। राजा इस घटना से प्रेरित होने लगे। इस बीच बसवण्णा की अध्यात्मिक नव विचारधारा से प्रभावित होकर एक टोली कल्याण चली गई थी। इन सब घटनाओं ने राजा के व्यक्तित्व पर परिपूर्ण रूप से प्रभाव डाला। सुख लोलुपता एवं वैभव के जीवन के प्रति विरक्त हो गए। राजवैभव, धन-सम्पत्ति से मन दूर भागने लगा। अध्यात्म, सरलता, सत्य-प्रामाणिकताओं की ओर मन भागने लगा। उन्होंने निश्चय किया कि राजकाज त्यागकर बसवण्णा के सामीप्य और शरण सत्संग में जीवनयापन करना चाहिए। बेटे लिंगारती को राज्याधिकार का सिंहासन देकर कल्याण की ओर यात्रा करने निकलने लगे। पत्नी भी रानी वेशभूषा त्यागकर सरल साड़ी पहनकर, रुद्राक्षी गले में धारण कर पति के साथ कल्याण की ओर निकल पड़ी। राजा ने तो कहा कि तुम पुत्र राजा के साथ रहो। सुखी जीवन का क्योंकर त्यागकरती हो? पत्नी ने स्पष्ट रूप से कहा कि अब तक अमृत के पास रहते हुए भी उसका महत्त्व हम जानते नहीं थे। अधिकार के अहं ने प्राय: हमें अन्धा बनाया होगा। अब अर्थपूर्ण अध्यात्मिक एवं समाजसेवी जीवन का सच्चा सुख प्राप्त करेंगे। बसवण्णा के प्रभाव से कल्याण आने के अपने विचार के बारे में महादेव भूपाल ने अपने एक वचन में स्पष्ट किया है—

*पहले तुम आए*
*विविध भवों में विविधि व्यापारों*
*के तुम नायक बन कर*

*इस लौकिक सुख-दुखों में तुम निश्चिन्त थे*
*पहले तुम्हारी तरह मैं आकर*
*दुखी नहीं हुआ,*
*आया मैं बसवण्णा के कथन से...*

इस वचन में बसवण्णा के विचार कथन से प्रभावित होकर कल्याण आने का संकेत है। इसी प्रकार महादेवी अम्मा भी अपने एक वचन में लिखती हैं—

*सवालाक्ष में जनम ले कर*
*सभी कर्मों में रह कर*
*अनुभव प्राप्त कर...*
*उस दिन आने का कथन*
*बसवेश्वर से आया था, चिन्तन-मंथन*

उपरोक्त इन दोनों वचनों से स्पष्ट है कि मोळिगे मारय्या और मोळिगे महादेवी ये दोनों कश्मीर के सवालाक्ष प्रदेश से आए थे।

राज दम्पती की कल्याण यात्रा बहुत दूर की थी और मार्ग उतना सरल नहीं था। अपनी यात्रा में गाँव-शहर के लोगों से मिलते, साधु-संत-शरण जंगमों से अध्यात्म और लौकिक अनुभव प्राप्त करते चलते थे। लोग इनके विनयशील स्वभाव, अध्यात्म की जिज्ञासा को देखकर इनका आदर करते थे और अतिथि सत्कार करते थे। यह इनके लिए एक शैक्षणिक यात्रा लगने लगी। नव अनुभव और अनुभाव के कारण यात्रा सरल सुखमय लगी। इतने दिनों से बसव दर्शन के लिए जो उत्सुक थे, वह दिन आया, पति-पत्नी अब कल्याण में बसवादि शरण संकुल के बीच थे, अनुभव मंटप के सदस्यों में से एक आदर्श शरण सदस्य बन गए।

कल्याण में एक नया लोक देखने को मिला। हर एक सदस्य कायकजीवी थे, कोई आलसी नहीं, कोई अप्रामाणिक नहीं। कायक में कोई छोटा नहीं, कोई बड़ा नहीं। सब समानता और स्वाभिमान के प्रशंसक थे। चप्पल-जूता तैयार करनेवाले मोची चमार और अधिकार चलानेवाले शासक-अधिकारी सब समान थे, सब समान गौरव के पात्र थे। सब कायक श्रेष्ठ माने जाते थे। हर एक को परिश्रम करना अनिवार्य था, आलसियों का आदर नहीं होता था। अमीर-गरीब, शिक्षित-अशिक्षितों में कोई भेदभाव नहीं था। द्वेष, ईर्षा, क्रूरता, लोभ के लिए वहाँ कोई स्थान नहीं था। जीवन सरल, शान्त और समभाव से भरा हुआ था। दया ही धर्म का मूल माना जाता था, समता ही एक योग समझा जाता था, समष्ठी चेतना को ऊपर उठाने का प्रयास हर कहीं देखने को मिलता था। जीव में शिव को देखने, लौकिक में अलौकिक

दर्शाने के साथ सब प्रकार की समानताओं के समाज के निर्माण में लगना है, सब व्यस्त थे। राज दम्पती ऐसे कल्याण को देखकर और कल्याण में अपने को उपस्थित कर धन्य समझने लगे।

अनुभव मंटप ने महादेव भूपाल को मोळिगे मारय्या, रानी गंगादेवी को मोळिगे महादेवी के नाम से परिचित किया। मोळिगे का अर्थ है 'लकड़ी'लकड़ी और मारय्या का अर्थ है 'बेचनेवाला'। महादेव भूपाल डल्याण में प्रवेश कर लकड़ी बेचने का कायक करने लगे। प्रात: समय उठकर जंगल में जाते थे और लकड़ी लाते थे। बेचने से जो पैसा मिलता था उसमें उनका जीवनयापन होता था, साथ ही साथ जंगम दासोह भी करते थे। क्या ही सुन्दर समाज की परिकल्पना थी उनकी। शुद्ध मन से शरीर श्रम का कायक और विचारवान संगोष्ठियों में भाग लेते हुए ज्ञान की भूख-अध्यातृम की भूख मिट जाती थी। जहाँ परिश्रम है, वहाँ सामाजिक लूट-पाट नहीं जहाँ सामाजिक न्याय है, वहाँ व्यष्ठि या समष्ठी के प्रति अन्याय नहीं। पति के अध्यात्मिक और सामाजिक चिन्तन कार्यों में पत्नी मोळिगे महादेवी का पूर्ण रूप से समभाग भागीदारी थी। महादेवी का व्यक्तित्व भी स्वतंत्र रूप से अध्यात्मिक एवं लौकिक क्षेत्र में विकसित होने लगा। महादेवी स्वयं वचन साहित्य की रचना करने लगी। दोनों वचन साहित्य की रचना अनुभव मंटप में सब शरण संकुल के साथ चिन्तन-मंथन में भाग लेने लगे। परमाश्चर्य होता है एक भूपालक अध्यात्म की रुचि के कारण कार्मिक बनते हैं और सिद्धि-साधनाओं की बुलंदी पर पहुँचते हैं।

ये दोनों कल्याण के बाहरी प्रदेश में एक गुफा बनाकर रहने लगे। आज भी गुलबर्गा से कल्याण की ओर जाते हुए मार्ग में मोळकेरी नामक गाँव देखने को मिलता है जो एन.एच. (National Highway) में पड़ता है। इस गाँव का नाम मोळिगे मारय्या के नाम को अमर करने के लिए ही रखा गया है। मारय्या हर दिन सुबह उठकर जंगल चले जाते थे, वन देवी को प्रणाम कर उस दिन के लिए जितनी लकड़ी चाहिए उतनी काट लेते थे, बाजार में बेचकर उस पैसे से उस दिन के लिए अनाज लाते थे । पत्नी महादेवी रुचिपूर्ण भोजन तैयार कर जंगमों को प्रसाद के रूप में महाभोज किया जाता था। जितना बचता था, उससे दोनों का भोजन होता था। महादेवी के भोजन में रसपूर्ण रुचि होती थी। बसवराज जी के दरबारी ठाट-बाट के भोजन से अधिक रुचि होने की बात शिवशरणों में जनप्रिय हो गई। कहा जाता है कि कई शरण-जंगम वर्ग के लोग बसवराज के भोजन को छोड़कर महादेव के घर भोजन के लिए आते थे। जिस प्रकार राजा महादेव चोळराज के राज भोजन को त्यागकर मादार चन्नय्या के महागृह में देव ने बड़े उत्साह से खिचड़ी खाई थी, उसी प्रकार शरण कुल मोळिगे महादेव और मोळिगे महादेवी के घर महाभोज चखने के

लिए दौड़कर आते थे। महासाध्वी मणी महादेवी के भक्तिभाव से भोज दासोह की वजह से, इसकी रुचि की अधिकता का कारण बसवण्णा को पता चला। वे स्वयं भी उस रुचि की अभिलाषा से मारय्या के घर आते हैं। जब मारय्या जंगल गए थे, बसवण्णा मारय्या की कुटी के सामने आकर खड़े होते हैं। आश्चर्य होता है, इतने बड़े राजा कश्मीर में राजभवन को छोड़कर सरल झोंपड़ी में वास कर रहे हैं। एक तत्त्व के लिए इतना बड़ा त्याग एक रोचक बात है। हृदय भर आया। फिर भी उनकी सहायता करने की इच्छा हुई। झोंपड़ी के सामने खड़े होकर महादेवी माता से कहा, 'माताजी मुझे भूख लगी है, कृपया अब घर में जो भी है, मुझे खाने के लिए दीजिए।' वे दो पंक्तियाँ कविता के रूप में ही हैं—

*माता, हमारे लिंगदेव को भूख लगी है*
*घर में जो उपलब्ध है, वही दो जो ठीक है।*

महादेवी को बड़ी खुशी हुई, हाथ-पैर धोने के लिए पानी देती है, आसन लगाकर बिठाती है। पूजा के बाद बसवराज भोजन-सेवन करते हैं। महादेवी की सद्भावना से परोसा गया भोजन बसव को अमृत के समान रुचि और स्वादमय लगा। बड़ा आनन्द हुआ। महाभोज के बाद सविनय हाथ जोड़कर बाहर चले गए। जाते-जाते घर में दो हजार स्वर्णमुद्राएँ झोली में रखकर चले गए।

मारय्या जंगल से लकड़ी लेकर लौटते हैं, स्नान करके शुचिर्भूत होकर लिंगार्चन करने बैठते हैं। देखते हैं, बगल में एक झोली स्वर्णमुद्रा से भरी है। देखते ही ऐसे उछल पड़ते हैं, जैसे कि एक जहरीला साँप देख लिया हो। पूछने पर पता चलता है कि घर पर बसवण्णा जी आए थे। दोनों को यह यकीन हुआ कि यह बसवण्णा का ही करुणा कार्य है। मारय्या ने सोचा और मन में कहा कि हमें प्राय: धनहीन भक्त समझकर हमारी सहायता करना चाहते हैं बसवण्णा। हमारे लिंगय्या की कृपा से हमारे लिए सत्य शुद्ध कायक है। और जहाँ कायक है वहाँ धन का अभाव नहीं है। क्या बसवण्णा जी इतना भर नहीं जानते? अपने पास धन के होने की वजह से इस प्रकार कायक का अपमान करना क्या उचित है? जो परिश्रम नहीं करते चाहे वो धनवान है, पर दरिद्र ही कहलाते हैं। जो परिश्रम करते हैं, चाहे वो धनहीन है पर वह धनवान ही कहलाते हैं। यही शरण-नीति है। प्राय: कायक तत्त्व की विस्मृति के कारण बसवण्णा जी ने ऐसा किया होगा। उनकी विस्मृति को दूर करने के लिए मारय्या जी ने एक योजना बनाई। इसमें वे दिखाना चाहते थे कि बसवण्णा ने ही शुद्ध परिश्रम का पाठ पढ़ाया है जिसमें कायक अर्थात् शुद्ध मन का परिश्रम ही श्रेष्ठ माना जाता है। पर बसवण्णा ने ही मेरी सहायता कर कायक के महत्त्व को कैसा कम कर सकते हैं? मारय्या जी ने सभी जंगम शरण-शरणियों को महाभोज

के लिए निमंत्रित किया। सब के महाभोज स्वीकार करने के पश्चात सबको एक-एक लकड़ी का टुकड़ा देते गए और बसवण्णा का दिया हुआ एक-एक स्वर्णमुद्रा देते गए और नमस्कार करते गए। इसे देखकर बसवण्णा जी को अपनी गलती का अनुभव हुआ और उसने मारय्या जी के पास आकर क्षमा माँगी। इसके पीछे भाव यही है कि मारय्या दम्पती दिखाना चाहते हैं कि सत्य शुद्ध कायक से अर्जित लकड़ी स्वर्णमुद्राओं से भी श्रेष्ठ है जो दूसरों से प्राप्त सम्पत्ति है स्वअर्जित नहीं है। वह कभी व्यक्ति को समाजमुखी नहीं बनाता है। मारय्या दम्पती बसवण्णा के प्रति असीम आदर रखते थे। भक्ति का पाठ उनको बसवण्णा से ही मिला था। आश्चर्य यह कि जिस गुरु से उनको कायक की श्रेष्ठता का मार्गदर्शन मिला था, उस गुरु से भी श्रेष्ठ कायक तत्त्व का व्यक्तित्व मोळिगे मारय्या और मोळिगे महादेवी को लगने लगा। इसका मूल कारण है अनुभव मंटप में प्राप्त चर्चा-परिचर्चाओं का अनुभव। इसीलिए इनके व्यक्तित्व के बारे में बसवण्णा ने ही लिखा है—

*घर देखो निर्धनता, मन देखो धनसम्पन्नता*
*सम्बन्धों की शुद्धता, सर्वांग में वीरता*
*अभाव को कोई स्थान नहीं, माँगने से तत्क्षण प्राप्त है*
*कूडलसंग के सब शरण स्वतंत्र धीर हैं।*

इस प्रकार बसवण्णा मारय्या दम्पती के व्यक्तित्व की महानता की प्रशंसा करते हैं। कहा जाता है कि मारय्या ने जंगम कुल के चरणाभिषेक के तीर्थजल लकड़ी के टुकड़ों पर छिड़कते हैं तो सब लकड़ी के टुकड़े स्वर्ण के बन जाते हैं। इसका भीतरी अर्थ विस्तार यही है कि शुद्ध मन का परिश्रम मीठा फल देता है। परिश्रमी व्यक्ति एवं परिश्रमी समाज कभी दरिद्र नहीं हो सकता है। मारय्या के एक वचन में इसका भाव स्पष्ट है। लिखते हैं—

*मेरे सिर की लकड़ी*
*फिर स्वर्ण काष्ठ बनता है तो*
*वह किसकी कृपा होगी?*
*प्राय: वह मन की दृढ़ता से सम्भव है*
*मेरे श्रम की लकड़ी स्वर्ण बनता है तो*
*फिर गुण-दोषों से परे श्रेष्ठ बनती है तो*
*वह अपने विश्वास से सम्भव है।*

मारय्या इस प्रकार कहते हैं तो पत्नी महादेवी कहती है कि—काष्ठ को स्वर्ण बनाने का अहं भाव तो नहीं आपकी भक्ति में?

पत्नी सदैव पति का मार्गदर्शन करती है। इस प्रकार कायक की निष्ठा से काष्ठ को भी स्वर्ण करने की, अर्थात् कायक से शून्य को शिखर करने की शक्ति की प्रशंसा है।

विश्व में कई महात्माओं के जीवन में भी 'हीन के महान' करने की असीम शक्ति के उदाहरण असंख्य उपलब्ध हैं। उनका जीवन स्वार्थ से बढ़कर नि:स्वार्थ और परार्थ होता है इसलिए असम्भव को सम्भव होने की भावना यहाँ है।

इन दोनों का दाम्पत्य जीवन अत्यन्त ही समन्वयात्मक और आदर्श सती-पती भाव से सुसम्पन्न जीवन था। पति मारय्या मानते थे और कहा करते थे कि पत्नी महादेवी उनकी मुक्ति की मार्गदर्शिका हैं। उनकी साधना के मार्ग में सहयात्री हैं और सहविचार की साथी है। मारय्या राजा जो थे जिसका अहं कभी-कभी मन में झाँकता होगा, साधना के शिखर पर पहुँचकर घमंड का काम करता होगा। ऐसे प्रसंगों में सदैव पत्नी महादेवी ने पति को माँ की सहृदयता से भक्ति मार्ग की ओर ले चलने का कर्तव्य निभाया है। वह मारय्या की प्रेरणाशक्ति थी और रक्षा शक्ति भी थी। शंकाओं के सन्दर्भ में विश्वास भरनेवाली, अन्धकार में ज्ञान प्रकाश दिखाकर दोनों साथ चलते थे। अनुभव मंटप में सक्रिय भाग लेते थे और बसवेश्वर, अल्लमप्रभु, सिद्धरामेश्वर जैसे शरण ज्ञानियों के सत्संग का पूरा लाभ उठाते थे।

गुरु ज्ञानियों की सेवा करते, कायक परिश्रम करते, अनुभावियों के अनुभाव प्राप्त करते, वचन साहित्य की रचना करते हुए शुद्ध और सार्थक जीवनयापन करते थे। कल्याण शहर उनके लिए शरणजीवन की सिद्धि साधना में मुक्त क्षेत्र लगता था, पुण्य क्षेत्र लगता था, साहित्य सृजनशीलता का विश्वविद्यालय लगता था। इस प्रकार अपनी वृद्धावस्था में कल्याण शहर के बाहर एक गुफा बनाकर शरण जीवनयापन करते थे।

बारहवीं सदी के शरण आन्दोलन ने वर्णव्यवस्था, जाति व्यवस्था एवं अस्पृश्यता का निराकरण किया था, मन्दिर संस्कृति से मनुष्य की महानता की संस्कृति की ओर इनकी यात्रा थी, 'समता ही इनका योग था'। जड़ समाज की असमानताओं को मिटाकर सर्व समानताओं का समाज इनका सपना था। इसलिए इनका मार्ग क्रान्ति का मार्ग था। समाज परिवर्तन का मार्ग था। हम भलीभाँति जानते हैं कि ऐसे स्वस्थ समाज की परिकल्पना का विरोध सदैव रहा है—इतिहास इसका गवाही देता है। वचन साहित्य के सन्दर्भ में भी ऐसे विरोध का सामना करना पड़ा। कल्याण से बिखरकर अनेक शरण देश के कोने-कोने में फैल गए। पर एक सांस्कृतिक आश्चर्य की बात है कि वे अपने साथ प्राण की परवाह न करते हुए वचन साहित्य की रक्षा करते हुए ले गए। कहा जाता है कि दुश्मनों के साथ लड़ने

का भी सन्दर्भ आता था, तो पीठ पर वचन साहित्य बाँधकर लड़ते थे। इसीलिए लगभग नौ सौ वर्षों के पश्चात् आज भी वचन साहित्य सुरक्षित है।

तो अपनी वृद्धावस्था में कायक और दासोह करते हुए मारय्या और महादेवी मोळकेरी नामक गाँव, जो कल्याण के पास था, में अन्तिम समय में जीवनयापन करते थे। मारय्या ने पत्नी के सामने अपनी इच्छा व्यक्त की कि अब मैं लिंगैक्य होना चाहता हूँ।

शरण मार्ग में 'लिंगैक्य' का विशेष अर्थ है। मृत्यु को 'लिंगैक्य' कहा जाता है। यों तो यहाँ 'मृत्यु' एक महा उत्सव है। 'मरण वे महानवमी'—अर्थात् मृत्यु ही एक त्योहार है। वह दु:ख का विचार नहीं है।

अध्यात्मिक साधना में 'लिंगांग सामरस्य' का अर्थ है—मन में संयम की साधन से, शुद्ध दृष्टि को लिंग में केन्द्रित कर ध्यानस्थ होना। इस ध्यानस्थ स्थिति में साधक असीम शान्ति, अरिषड्वर्गों की चंचलता से मुक्ति, अन्तरंग-बहिरंग की चिन्ताओं से मुक्त होकर सत्-चित्-आनन्द को प्राप्त करता है। यह साधना सरल भी है एवं चंचल व्यक्ति के लिए कठिन, पर सरल प्रयास से साधना सम्भव भी है। इस 'लिंगांग सामरस्य' की ध्यानस्थ स्थिति में परमानन्द प्राप्त करने का आनन्द प्रतिदिन का मार्ग ही इस शरण मार्ग को सहज और सरल बनाता है। दिन-प्रतिदिन की 'लिंगांग सामरस्य' की साधना के पारिभाषिक शब्द से ही 'लिंगैक्य' पारिभाषिक शब्द की भी शब्दोत्पत्ति हुई है। यहाँ यह स्पष्ट करने का प्रयास कर रहा हूँ कि 'लिंगांग सामरस्य' जीवनकाल की साधना का मार्ग है, और 'लिंगैक्य' पारिभाषिक शब्द शरण जीवनक्रम में मृत्यु के लिए प्रयोग करने का शब्द है।

मनुष्य के इतिहास में 'मृत्यु' एक अनिवार्य और वास्तविक सत्य है, इसलिए उसे सह्य और उत्साह का पर्व समझने की संस्कृति शरण जीवन मार्ग में समझा गया है।

मोळिगे मारय्या जब कहते हैं कि अब मैं लिंगैक्य होना चाहता हूँ तो पत्नी तात्त्विक चिन्तन रखती है कि 'क्यों लिंगैक्य' होने के लिए लालायित हो? क्यों शिव में 'एक' होने की बात करते हो? क्या तुम जीवनकाल में 'शिव' से भिन्न थे? तब भी तुम 'शिवैक्य' में ही थे। भक्त की ऐसी इच्छा नहीं होनी चाहिए, क्योंकि तुम जीवन साधना में 'शिव' से दूर नहीं थे। लिंगांग में एकाकार होकर रहना तुम्हारे लिए सहज था, तुम 'लिंगमय' थे, तुम स्वयं लिंग थे। तो अब लिंगैक्य होने का प्रश्न ही नहीं उठता है। राजवैभव, धन-दौलत, अधिकार सब कुछ त्यागकर, उसके बदले में तो 'लिंगैक्य परमानन्द' को तो नहीं माँग रहे? 'भक्ति' कोई फल माँगने की मजदूरी नहीं है। तुम्हारी भक्ति साधना ने ही सहजता से तुम्हें 'लिंगांग सामरस्य' का सुख दिया है। अन्तरंग में 'लिंगैक्य भाव' प्राप्त करने पर बहिरंग में लिंगैक्य होने की भावना व्यक्त

करना तुम्हारे ज्ञान की हानि का कारण हो सकता है। इस प्रकार श्रेष्ठ स्तरीय शरण चिन्तन मोळिगे महादेवी अपने इस वचन में रखती है—

*वह क्यों जी!*
*शिव में ऐक्य होने की चिन्ता करते हो?*
*यह नित्य-सत्य का विचार नहीं है,*
*किसे पूछते हो?*
*और किसे तुम्हारी चिन्ता सुनाते हो?*
*कहो जी तुम इससे पहले कौन थे?*
*इस भाव को सोच कर तुमको तुम ही समझाओ।*
*मेरा प्रिय इम्मडि निष्कळंक मल्लिकार्जुन।*

फिर आगे चलकर कहती है कि शरण तत्त्व में नित्य-अनित्य के ज्ञान को प्राप्त करने पर स्वर्ग-नरक-लौकिक-अलौकिक के भ्रम में पड़ना ठीक नहीं है। इस अंग को ही लिंग करने पर 'लिंगैक्य' से मुक्ति की प्राप्ति का भ्रम भी ठीक नहीं है। इस प्रकार जीवनमुक्ति की सहजता को समझाती है। महादेवी का यह वचन इसे स्पष्ट करता है। कहती है—

*हाथ में ज्योति लेकर अँधेरा क्यों करें?*
*पारस शक्ति हाथ में रख कर मजूरी क्यों करें?*
*हीनभाव से मुक्त को नियमों का तनाव क्यों*
*नित्य-अनित्य के ज्ञान की प्राप्ति के बाद*
*भूलोक-परलोक का भ्रम भक्त में नहीं चाहिए,*
*स्पष्ट ज्ञान से यहाँ-वहाँ के विवेक प्राप्ति से,*
*उस आकाश प्रकाश का दर्शन स्वयं करो,*
*एन्नय्य प्रिय इम्मडि निषकळंक मल्लिकार्जुन में।*

नित्य-अनित्य तत्त्व ज्ञान प्राप्ति के बाद भूलोक, कैलास, भूमि, स्वर्ग जैसे भ्रम में रहना भक्त कुल के लिए ठीक मार्ग नहीं है। अंग ही लिंग बनने पर, लिंगैक्य या मुक्ति की बात सोचना द्वंद्व मात्र लगता है। इस प्रकार मोळिगे महादेवी जीवनमुक्ति की स्थिति से पति को अवगत कराती है। अन्त में स्पष्ट करती है कि 'मैं स्त्री हूँ और मेरी स्त्रीत्व भी आपके सहयोग से ही परिपूर्ण है। मैं कोई आपसे अलग नहीं हूँ। मेरा आराध्यदेव निष्कळंक चन्नमल्लिकार्जुन आप ही तो हैं।' इसमें शिवशरणी महादेवी का विनयभाव भी स्पष्ट होता है और ज्ञान शिखर का भी परिचय मिलता है।

यहाँ पत्नी महादेवी मारय्या के लिए गुरु समान ही हैं। इसीलिए पत्नी के बारे में मारय्या कहते हैं कि—

*मेरी भक्ति की तुम शक्ति हो*
*मेरे सत्य की तुम सती हो।*
*मेरा सुख-दु:ख सब कुछ तुम हो।*
*मेरा सुख-दु:ख एवं तुम्हारा सुख-दु:ख*
*भिन्न नहीं है। इसमें भिन्नता*
*कहाँ है? कहो जी, हे निषकळंक मल्लिकार्जुन!*

शारीरिक शक्ति कमजोर पड़ने पर वृद्धावस्था में सहारा हाथधरी लकड़ी ही होती है। तुम मेरे लिए वृद्धावस्था में भी सहारा हो, चिन्तन की सहधर्मिणी हो।

यहाँ देखने योग्य विचार यह है कि मोळिगे मारय्या का, स्त्री के प्रति उदार भाव एवं पत्नी के प्रति आदर का श्रेष्ठतम निर्णय। सती का महत्त्व मारय्या स्वीकार करते हैं और मुक्त कंठ से प्रशंसा करते हैं। इस वचन में सती को 'मेरी भक्ति की शक्ति और सत्य की सती' कहने में दाम्पत्य की सार्थकता का श्रेष्ठ उदाहरण उच्चतम स्थान को पहुँचता है। इसीलिए जेडर दासिमय्या का कहना है कि 'सती-पती की एकोभाव भक्ति शिवजी सहर्ष स्वीकार करते हैं' में आदर्श दाम्पत्य का सद्भाव गीत सुनाई पड़ता है। यह विचार कर्नाटक के कन्नड़ साहित्य में सती-पती भाव की समानता को लेकर बहुत प्रसिद्ध है।

बसव आदि शरण संकुल में मोळिगे मारय्या और मोळिगे महादेवी सती-पती, कायक-दासोह-अनुभव मंटप की आनुभाविक चर्चा एवं मूल रूप से 'समता ही एक योग है' जैसे श्रेष्ठतम तत्त्व के चिन्तन-आचरणों में भाग लेते हुए 'वचन क्रान्ति' के प्रमुख अंग के रूप में दिखाई देते हैं।

# मोळिगे मारय्या : मोळिगे महादेवी के वचन

## मोळिगे मारय्या के वचन

अच्छे-अच्छे रंगीन कपड़े पहन
हर के शरण कहलानेवाले भाई सब
पंचेन्द्रिय रूपी संभ्रम के बाण से आहत न होकर
भक्ति रूपी ढाल पकड़कर
मुक्ति रूपी गाँव को घेरकर वहाँ लड़कर
मर गए सब रुद्र के शूल से घायल होकर
मेरे लिए रक्षाकवच कहाँ, हे निष्कळंक मल्लिकार्जुन! ॥ 1 ॥

यदि अंबु न होता तो अंबुज को कौन जाने?
यदि पानी न होता तो दूध को कौन जाने?
यदि मैं न रहता तुम्हें कौन जाने?
तुम्हारे लिए मैं, मेरे लिए तुम,
तुम्हारे मेरे लिए अलग अस्तित्व है क्या
हे निष्कळंक मल्लिकार्जुन? ॥ 2 ॥

हे अनुपम लिंग, मेरे स्मरण में नहीं आओगे क्या?
मेरे तन-मन शुद्ध नहीं हैं समझ
मेरे स्मरण में तुम न स्थिर होगे क्या?
मेरे पातक पुंज को तुम मिटाओ
मेरी भूख के लिए तुम्हीं प्राण हो
मेरे विषय सुख के लिए मन तुम्हीं हो
भोगने के लिए अंग तुम्हीं हो
स्फटिक के घट के बहुरंग के समान

मेरा अंगमय तुम्हीं हो,
तब मेरे स्मरण में क्यों नहीं, निष्कळंक मल्लिकार्जुन? ॥ 3 ॥

जल मिश्रित काष्ठ में आग लगाए तो,
वह चित्तशुद्ध होकर जल सकता है क्या, सूखे काष्ठ के समान?
इस प्रकार के विनोदियों को मिलेगी क्या निजवस्तु?
निष्कळंक मल्लिकार्जुन ॥ 4 ॥

जान लूँगा, जान लूँगा कहकर टालने के लिए
क्या काया संजीवनी है?
महाप्रलय से परे का शव है क्या?
अवतार से परे का निराकार है क्या?
धोबी के प्यास से मरने के समान हो गई उसकी स्थिति
निष्कळंक मल्लिकार्जुन ॥ 5 ॥

ज्ञान को समझने तक अर्चना चाहिए।
पुण्य को समझने तक पूजा चाहिए।
अपने को जानने तक सभी व्रत नियम चाहिए।
कालकर्म ज्ञान भाव अपने में होने तक भजना चाहिए।
अपने को भूलकर, परवस्तु में स्थिर रहने पर और क्या?
नंगा होने वाले के लिए कहीं भी भय नहीं
निष्कळंक मल्लिकार्जुन ॥ 6 ॥

ज्ञान बोधक बुजुर्ग सभी
इष्टलिंग को हाथ में रखकर
मूढ़ मनुष्य दूसरों के द्वार पर खड़े होकर माँग रहे हैं।
इन ज्ञान मूढ़ों को न पसन्द करेगा, निष्कळंक मल्लिकार्जुन ॥ 7 ॥

तलवार हो या स्याही या कृषि
वाणिज्य आदि कृषि कार्य करते समय
पशुपति के लिए ही प्रमाणित कर भक्ति करने से,
बिना भूख बिना प्यास बिना विषय जाने

करनेवाली भक्ति में, सत्यनिष्ठा से करनेवाले
भक्त का आँगन ही वाराणसी है।
उसका आश्रय ही विमुक्तक्षेत्र है।
उसका मुख ही मोक्ष का आगर है।
उसका अंग ही न बुझनेवाला प्रकाश है।
उसका पाद ही पवित्र सुधा है।
इस प्रकार त्रिकरण शुद्धात्मा भक्त के
दिए हुए प्रसाद को चाहनेवाला कुत्ता बना दो मुझे।
मेरे लिए यही निश्चय, हे निष्कळंक मल्लिकार्जुन! ॥ 8 ॥

आगम जाने तो सुख-दुःख को जानना चाहिए
शास्त्र जाने तो मृत्यु को जानना चाहिए।
पुराण जाने तो उपद्रवियों का संग छोड़ना चाहिए
इनको जाननेवाले चित्तशुद्धों को छोड़कर अन्यों को सन्मार्ग नहीं
निष्कळंक मल्लिकार्जुन॥ 9 ॥

काय विकार को छोड़नेवाला ही गुरु को जानता है
मनोविकार को छोड़नेवाला ही लिंग को जानता है
धनविकार को छोड़नेवाला ही जंगम को जानता है
इन त्रिविध का नाश जिनमें न होता
वह निष्कळंक मल्लिकार्जुन में सहज भक्त नहीं॥ 10 ॥

पुरातन शरणों के वचन पढ़कर सुनाने से क्या, प्रयोजन?
अपने आचरण जैसे वचन नहीं, वचन जैसे अपना आचरण नहीं।
अद्वैत का उपदेश देकर, आचरण में अधम हो तो
शिवशरण खुश होंगे क्या?
इसलिए उनकी कथनी-करनी शुद्ध न होने से
उनके लिए गुरु लिंग जंगम पादोदक प्रसाद
विभूति रुद्राक्षी पंचाक्षर नहीं है।
इनके बिना केवल मुँह से ब्रह्मज्ञान की बात करनेवाले
ब्रह्मेतियों को पसन्द न करेगा, निष्कळंक मल्लिकार्जुन॥ 11 ॥

हाथी-घोड़े राज-खजाना रहे तो क्या प्रयोजन?
खाने के लिए चाहिए एक सेर चावल, गाय का दूध
और सोने के लिए आधा पलंग है।
इस व्यर्थ सम्पत्ति पर विश्वास कर नष्ट न हो मनुज।
यह अंग भूमि के संग, आभूषण जाने किसके साथ है?
विवाहित सती दूसरों के साथ, प्राण, वायु के साथ।
मृत्यु के साथ कोई नहीं, देखो निष्कळंक मल्लिकार्जुन॥ 12 ॥

चरसे की चोटी में बाँधे घड़े के समान
उसे नीतिवान दबाकर,
पाताल से धरा पर पानी लाकर
क्यारी में डालने के समान
लोकव्याप्त परवस्तु को जानकर
निर्जात हो सके तो, वही जीवन्मुख है
निष्कळंक मल्लिकार्जुन॥ 13 ॥

जिसकी आँख नहीं उसे रंग रंगरेजी क्या?
मान्यता नहीं उस आश्रयस्थान में भैय्या, बापू क्यों कहे?
जहाँ सत्य का गुण नहीं है,
वहाँ पन्नगधर के शरण फिर जाएँगे तो
पत्थर लगे बाण के समान हुआ।
ज्ञानी का यही गुण है,
प्राणवल्लभ निष्कळंक मल्लिकार्जुन! ॥ 14 ॥

गधा क्या जाने कर्पूर की महक? सर्प क्या जाने श्रवणोक्ति?
कुत्ता सुभक्ष्य का स्वाद क्या जाने? मक्खी क्या जाने सुगंध?
जन्मजात बाँझ गर्भवती होना क्या जाने?
जग में वृथा कालहरण करनेवाले मिथ्यावान को
तत्त्व की शुद्धि के बारे में बताएँगे तो
नित्यरुद्र होने पर भी वह नरक पाने से नहीं चूक सकता
निष्कळंक मल्लिकार्जुन॥ 15 ॥

पत्थर-मिट्टी*-काष्ठ में भगवान है समझकर
दर-दर भटकनेवाले भैया सुनो,
वह इधर-उधर स्थापित प्रतिष्ठा का संकेत है,
जो शब्दातीत है उसे समझो।
वह मनाश्रित जहाँ है वहाँ रहेगा,
निष्कळंक मल्लिकार्जुन॥ 16॥

घास फूस, झाड़ निकाले बिना खेत स्वच्छ न होता
अशुद्धि और मल को स्वच्छ किए बिना मन शुद्ध न होता
जीव का मूल जाने बिना तन शुद्ध न होता
काय जीव का सम्बन्ध जाने बिना ज्ञानलेपी नहीं होता
इस प्रकार जो भाव भ्रमित है उन्हें क्यों ज्ञान प्राप्ति
निष्कळंक मल्लिकार्जुन? ॥ 17॥

तन से पूजा मन में सांसारिकता
तो कैसी यह लिंगपूजा बताओ?
तो कैसी यह जंगम पूजा बताओ?
ऐसे निर्लज्ज नकटे को मत दिखाओ
निष्कळंक मल्लिकार्जुन॥ 18॥

बन्दी के जाने के बाद फिर लड़ाई की बात क्यों?
अकलमंद होने पर फिर पूछे क्यों किसी को?
ज्ञानी होने पर फिर जीना क्यों भवसंसार में?
यह बाँस के अन्तर्गत अग्नि की भाँति है
इसमें क्या चतुराई, निष्कळंक मल्लिकार्जुन? ॥ 19॥

विष रहित सर्प से कोई डरते हैं क्या?
शस्त्र रहित सैनिक गर्जन करेगा तो डरेंगे कोई?
इष्टलिंग के बाहरी आकार की बात करेंगे तो
सीधा प्राणलिंगी बनेगा क्या?
वह निर्णय नहीं, निष्कळंक मल्लिकार्जुन॥ 20॥

काँच की दीवार को चूना स्पर्श कर सकता है क्या?
नागसर्प के फन को तालाब का साँप जानता है क्या?
ज्वाला की पुथली को लाख आलिंगन कर सकता है क्या?
लिंगमय व्यक्ति के अंग का स्पर्श इन्द्रिय कर सकते हैं क्या?
इस प्रकार के गुण को खोकर लिंग ही स्वयं बना है
निष्कळंक मल्लिकार्जुन॥ 21॥

कोल्हू में फँसा तिल दुखे बिना तेल छोड़ेगा क्या?
काया में फँसा जीव दुखे बिना इन्द्रियों को छोड़ेगा क्या?
भाव में फँसा भ्रम दुखे बिना विकार को छोड़ेगा क्या?
जाने बिना ज्ञानलेप नहीं निष्कळंक मल्लिकार्जुन॥ 22॥

गरुड़ विद्या जानने पर साँप का प्रेम ही अच्छा है
तृप्ति को जानने पर भूख का साथ ही अच्छा है
विकार जानने पर कालव्याघ्र का संभाषण ही अच्छा है
न अपने को जानकर आपके साथ मिल जाऊँ तो आपको अच्छा है
निष्कळंक मल्लिकार्जुन॥ 23॥

हवा में उठी धूल और तृण-पत्ते आदि का
व्यवहार हवा को स्पर्श न करता
शरण के सर्वेन्द्रिय, हवा की धूल के समान,
स्फटिक का पात्र बहुवर्णी होने के समान
स्पर्श करने पर भी स्पर्श न करनेवाले
महाशरण को नमो नमो कहूँगा
निष्कळंक मल्लिकार्जुन॥ 24॥

गुरु कहूँ तो
वह जो भी मिले उन्हें इष्टलिंग देकर, द्रव्य के अधीन हो गया।
लिंग कहूँ तो।
संसार में रहने के लिए अंग को दिया।
जंगम कहूँ तो
जो भी दिखे उसके आँगन में जाकर बन्दी बना।

मुझे इनमें से कौन-सी रीति ठीक होगी, निराकार
निष्कळंक मल्लिकार्जुन॥ 25॥

गुरु-शिष्य सम्बन्ध
कछुए के शिशु के स्नेह समान होना चाहिए।
गुरु-शिष्य सम्बन्ध
बीज रहित कपास और अग्नि के संग के समान होना चाहिए।
गुरु-शिष्य सम्बन्ध
दूध और पानी के संग के समान होना चाहिए।
गुरु-शिष्य सम्बन्ध
लेखनी में छिपी सुरेखा के समान होनी चाहिए।
ऐसा न होकर हस्तमस्तक से योग किए गुरु की स्थिति
टूटे घड़े में अमृत भरकर, न छलके ऐसा बिना रहे कहे तो
कैसे सम्भव है मैंने कहा,
निष्कळंक मल्लिकार्जुन॥ 26॥

जंगम आएगा तो वसंत की हवा के समान आएगा
क्या वह आँधी के समान आएगा? आएगा नहीं
जंगम स्थल जो है वह रेत में जल के समान है।
काम-क्रोध-लोभ-मोह मद-मत्सर रूपी मटमैले को फेंककर
साफ पानी कर सकता है तो उसे जंगम कहूँगा
नहीं तो उसे सांसारिक कहूँगा, निष्कळंक मल्लिकार्जुन॥ 27॥

जीव को काटनेवाले को जो पाप नहीं
वह काटनेवाले तलवार के लिए है क्या?
बाण छोड़नेवाला जब है तो बाण पर नाराज होते हैं क्या?
मरवानेवाले जब तक हैं सेवक पर नाराज होते हैं क्या?
हे दिव्य ज्ञान,
मेरे देव निष्कळंक मल्लिकार्जुन के रहते
मुझे क्यों सताते हो?॥ 28॥

सिर पकड़ना न जानकर कमर पकड़े तो
साँप काटेगा ही?

बैरी को मारने जाकर
उसकी वीरता से डरकर उसके पैरों पड़े तो
वह तलवार से मारे बिना रहेगा क्या?
शिव चरण को न जानकर
नरक में पड़नेवाले भेड़ों को क्यों, पूर्णता का ज्ञान?
जो परिपक्व नहीं, केवल बात से क्या ज्ञान मिलेगा
निष्कळंक मल्लिकर्जुन? ॥ 29 ॥

मैं ज्ञान न पा सका हूँ
इसलिए ज्ञानियों का संभाषण ढूँढ़ रहा हूँ
वीरों के साथ कायर के जाने के समान
नदी में डूबनेवाले का कमर पकड़कर जाने के समान
अन्धा दृष्टिवान के साथ चलने के समान
मैं आपके शरणों के पीछे चलूँगा
निष्कळंक मल्लिकार्जुन ॥ 30 ॥

जलान्तर्गत शिला को धनी सब मिलकर
उसे स्थापित कर ध्यान करो कहे तो वह श्रेष्ठ हो गया क्या?
श्रेष्ठ शरण सब मिलकर
गुरु प्रदत्त लिंग का श्रेष्ठतत्त्व जानते हैं क्या?
बाँबी को मारने से साँप मरा क्या?
यह निर्णय है, कहा मैंने, हे निष्कळंक मल्लिकार्जुन! ॥ 31 ॥

भूमि ग्राम रक्षक हो तो चोर कैसे घुसेगा
सर्वांगलिंगी के लिए अनर्पित कोई वस्तु है क्या,
निष्कळंक मल्लिकार्जुन? ॥ 32 ॥

दूसरों को सताकर माँगकर, मैं ने किया कहने का नखरा क्यों?
जंगली सब्जी हो तो क्या, जो बिना माँगे खानेवाले आरूढ़ को
कदम-कदम पर नमो-नमो कहूँगा, निष्कळंक मल्लिकार्जुन।॥ 33 ॥

पारस से स्पर्शित पुतली के समान,
पृथ्वी को निगले उदक के समान

अग्नि को निगले तिल के समान,
अरुण के किरण के निगले द्रव के समान,
मैं और क्या उपमा दूँ? और किसको बताऊँ?
देखने आँखें नहीं, सुनने कान नहीं
कीर्तन करने मुँह नहीं, कुछ भी कहने मौका नहीं
निष्कळंक मल्लिकार्जुन में यह लिंगैक्य की स्थिति है ॥ 34 ॥

पूजा से अपने आप को पुण्यवान बन गया समझकर करनेवाले की स्थिति
अछूत स्त्री शुद्ध पानी में नहाकर, अपनी अशुद्धि को भूलकर
कुछ लोगों के स्पर्श करने के समान है।
वह स्थिति आपकी हो गई
त्रिकरण शुद्ध रहित होकर पूजनेवाले
जो नष्ट हुए उनके बारे में और क्या कहे
निष्कळंक मल्लिकार्जुन ॥ 35 ॥

फल की रुचि वृक्ष जानता तो
देता क्या दूसरे को?
अन्न की रुचि मटकी जानती तो
बचता क्या दूसरे को?
लिंग संग हो तो सबसे कहेगा क्या?
शान्त स्थिति के मंगलकार्य के समान इसका संग।
लिंगैक्य ऐसा है, निष्कळंक मल्लिकार्जुन ॥ 36 ॥

खुलापन नंगा हो जाय तो कौन ओढ़ाएगा?
तालाब ही पानी पी लेगा तो कौन रोक सकेगा?
महामेरुगिरि चलने लगी तो रास्ते को आश्रय देनेवाला कौन है?
ज्ञानी विस्मृत हो जाय तो उपदेश देनेवाल कौन है?
आपका निजस्वरूप आप ही जानते हैं
मैं डरूँगा, निष्कळंक मल्लिकार्जुन ॥ 37 ॥

लता पेड़ से आवृत होकर, वह तृप्त न होकर
दूसरे पेड़ में चढ़ने के लिए हिलने के समान
स्थिर न हो तो मनक्रिया में, निर्णय में न आसक्त होता मन

गुड़ खाये बन्दर के समान, जल में छिपे मत्स्य के समान
वहाँ रास्ता न पाकर, यहाँ जगह न पाकर चंचल हूँ।
मेरे भाव में तुम रहो, निष्कळंक मल्लिकार्जुन॥ 38॥

भक्त भगवान का सम्बन्ध, जल कमल की रीति के समान
भक्त भगवान सम्बन्ध, क्षीर-नीर की रीति की समान
तुम्हारे और मेरे लिए अलग-अलग ठाँव है क्या
निष्कळंक मल्लिकार्जुन?॥ 39॥

भक्त अपने लिए जो कायक करता है
उसे अपने लिए कहें, तो वह गुरु से दूर है
अपनी सती के लिए कहें वह लिंग से दूर है
अपने बेटों के लिए कहें तो जंगम से दूर है
अपने बन्धु के लिए कहें तो संगनबसवण्णा आदि
शरण समूह से भी दूर है, मेरे लिए भी दूर है
मेरे अन्दर जो निष्कळंक मल्लिकार्जुन है वह तुमसे भी दूर है॥ 40॥

भक्ति ज्ञान क्रिया के करने की रीति में
चित्त शुद्ध रहित सती होने पर भी उसे न चाहता
पुत्र बन्धु होने पर भी न चाहता,
इस प्रकार इसको जानकर संग करें तो
मेरे भाव की यही हानि है,
यह भावना प्रसन्न दीखती भक्ति है
निष्कळंक मल्लिकार्जुन॥ 41॥

दीवार की गुड़िया के हाथ में
जलते दीप की तसवीर हो तो, क्या अँधेरा मिटा सकता है?
निष्ठाहीन के हाथ में इष्टलिंग रहने से लक्ष्य को देख सकता है क्या?
भक्तिहीन को नित्य और अनित्य बताने के लिए
उसे निश्चय कर ले सकता है क्या
हे निष्कळंक मल्लिकार्जुन?॥ 42॥

धरती में पूजित होनेवाले गुरुजन सभी,
वेद शास्त्र पुराण आगम श्रुति स्मृति तत्त्वों को
पढ़ानेवाले सब बुजुर्ग हैं क्या?
कथनी के अनुसार आचरण कर, करनी के अनुसार कथन कर
कथनी-करनी सिद्धान्त हुए बिना गुरु और बुजुर्ग न होना चाहिए।
वाद-विवाद में जीतकर ज्ञानी बना कहे तो
अपने में जो असत्य है उस असत्य को बतानेवाले
पत्थर दिलवाने को देखो
इन सब के ज्ञान को देख रुके बिना चला गया
निष्कळंक मल्लिकार्जुन॥ 43॥

मिट्टी की बिल्ली सचमुच के मूषक को छू सकेगी क्या?
जगत के चोर की क्रिया, विरक्ति प्रसन्न को छू सकेगा क्या?
इसे अच्छी तरह समझिए
निष्कळंक मल्लिकार्जुन में॥ 44॥

मांसपिंड को नष्ट कर मंत्रपिंड कर लिया समझकर
संतुष्ट होनेवाले आद्य आप सुनिए
भ्रमर ने कीट को लाकर अपने जैसे कर लिया था न?
कुम्हार ने मृत्तिका को लाकर
अपनी कल्पना में दिखे श्रेष्ठकुंभ को किया था न?
शिल्पी ने शिला लाकर
अपने मन को लगे, स्वरूप किया था न?
ये सब करनेवाले के गुण के अनुसार बने।
इसे न समझकर हम गुरु बन गए समझ
सामनेवाले को शिष्य समझ, सेवा पानेवाले गुरु की स्थिति
टूटी किश्ती में चढ़कर नदी पार करना न जानकर
उसमें पानी भरने की स्थिति हो गई
निष्कळंक मल्लिकार्जुन॥ 45॥

दर्पण को अँधेरा समझ पोंछ सकते हैं क्या?
उदक को प्यास लगी समझ पानी दे सकते हैं क्या?

पावक को सर्दी समझ उसे ओढ़ा सकते हैं क्या?
लिंगारूढ़ को उनके अंग की सेवा की कहे तो
उसके स्वरूप को जानो, निष्कळंक मल्लिकार्जुन॥ 46॥

नकटे के हाथ में खुशबूदार पुष्प को देंगे तो
उसे वह अच्छा लगता है या नहीं? जान लीजिए भैया
भक्तिहीन को सत्य कहे तो
वह कैसी खबर, निष्कळंक मल्लिकार्जुन॥ 47॥

लिंग को नहाते समय उसको सिर न दीखता
लिंग के लिए भोजन परोसना हो तो मुँह न दीखता
इसके लिए क्या करूँ? किससे कहूँ?
देनेवाले गुरु ने उसका रहस्य बताया नहीं
दीप लेकर उजड़े खलिहान में गिर पड़ने के समान हुआ
निष्कळंक मल्लिकार्जुन॥ 48॥

लिंग को हाथ में पकड़कर भक्तों के आँगन का पहरा क्यों?
लिंग को हाथ में पकड़कर उनके तन की इच्छा बताकर
अपना पेट पालना क्यों?
परिपूर्ण सदमलानन्द भक्त को उक्त यह कुछ भी नहीं
निष्कळंक मल्लिकार्जुन॥ 49॥

विरक्ति की बात करके फिरनेवाले बुजुर्ग सब
करतल में लिंग रखकर
दूसरों के दिए द्रव्य शाश्वत नहीं कहकर
उनके देने के पहले ही
खुद हाथ बढ़ानेवाले मर्कटों को देखकर चकित हुआ
निष्कळंक मल्लिकार्जुन॥ 50॥

वेदाध्ययन कर, शास्त्र पढ़कर
नाना पुराण का ज्ञान पाकर
श्रुति स्मृति में परतत्त्व पाकर
दर्शन कर लिया कहनेवाले बुजुर्ग सब

देनेवाले दाता के घर के दरवाजे पर इन्तजार करते
छोटे बच्चे-से हो गए।
उपदेश देनेवाले ऐसे बुजुर्ग सब नष्ट हुए
जाल में फँसे मूषक के समान।
इस दृष्टान्त को देख फिर बुजुर्ग कहलानेवाले
ब्राह्मणों को देखो, निष्कळंक मल्लिकार्जुन॥ 51॥

संजीवनी को हाथ में पकड़कर
मरते-जन्म लेते जीव को मैंने देखा
आँखों के सामने सोना होने पर भी
गरीबी में पड़े हुओं को देखा।
अपने शरीर में तलवार को बाँधे रहने पर भी
लाठी के प्रहार से मरे हुओं को देखा
निष्कळंक मल्लिकार्जुन लिंग को न समझकर
नष्ट हुओं को देखा॥ 51॥

सहस्रों व्रत करके
सूत के धागे फाड़ने के समान है मेरी भक्ति।
भाव में पक्वता नहीं, ज्ञान में शुद्धता नहीं
करने में तन्मयता नहीं, यह व्यवहार बहुत हो गया
ख्याति के लिए न करवाओ, निष्कळंक मल्लिकार्जुन॥ 53॥

कस्तूरी मृग को
दुखाकर, बन्धन में रखे तो गन्ध मिलेगा क्या, दुर्गन्ध नहीं तो?
इस प्रकार ज्ञानी के रूप में बोलनेवाले बातों के ब्रह्म,
आग्रह से बुलवा सकते हैं क्या सदात्माओं से?
उनकी इच्छा के अनुसार सुचित्त को जानना चाहिए।
भृत्यत्व के द्वारा अपनी इच्छा पूर्ण कर लेनी चाहिए।
न कि स्वयं निकृष्ट रहकर, उस महात्मा के दृष्ट ज्ञान को देख लिया कहे तो
वह स्वप्न में भी नहीं दिखाई देगा।
इस प्रकार निर्णय की वस्तु को जानकर
निष्कळंक मल्लिकार्जुनलिंग में मिल जाना चाहिए॥ 54॥

गिरवी रख ली गई खेती को गिरवी के धन न दूँगा कहे तो
चुप रहेंगे क्या वन के मालिक?
वचन के अनुसार न चलेंगे तो
निन्दा किए बिना रहेंगे क्या, जो शरण लिंग में ऐक्य हुए हैं?
इसके लिए प्रत्युत्तर नहीं है कहूँगा, निष्कळंक मल्लिकार्जुन॥ 55॥

हल्के काष्ठ से नदी पार करना चाहिए
ज्ञानियों के संग से
इस संसार के मोह को छोड़ना चाहिए
निष्कळंक मल्लिकार्जुन॥ 56॥

## मोळिगे महादेवी के वचन

ऊर्वशी कर्पूर खाकर यदि चूमेगी तो
सबको भाएगा, उसके बदले
यदि सूअर कपूर खाकर चूमेगा तो
भला किसको भाएगा? लोग उसे भगा देंगे
जिनका चाल-चलन और बोल शुद्ध हो, ऐसे लोग पुरातन शरणों के
वचन पढ़ेंगे, अनुभाव करेंगे तो अच्छा लगता,
उसके बदले जिनका चाल-चलन और बोल शुद्ध नहीं
वे यदि पुरातन शरणों के वचन पढ़ेंगे, अनुभाव करेंगे
तो पसन्द करेंगे क्या?
जिसका चाल-चलन और बोल शुद्ध नहीं, वे शरणों
के वचन पढ़ेंगे, तो वे उस सूअर से भी बदतर हो जाएँगे।
एन्नय्य प्रिय इम्मडि निष्कळंक मल्लिकार्जुन॥ 1॥

बाण छोड़नेवालों को जानती हूँ
मगर ऐसा बाण फेंकनेवालों को न देखा
जो बाण वापस आ सके!
पूजा करनेवालों को जानती हूँ
ऐसा पूजनेवाले को न देखा
मगर पूजित लिंग अभिमुख होकर सर्वांग में लगे।

बोल के अनुसार चाल, उस चाल के अनुसार बोल
उभय को एक करे ऐसे लोगों को न देखा।
ये उभय सिद्धि होकर सिद्धान्त होने पर
एन्नय्य प्रिय इम्मडि निष्कळंक मल्लिकार्जुन
क्रियाज्ञान निरत जो हैं उन्हें सम्भव है, अन्यों को नहीं॥ 2॥

पत्थर को बोकर पानी देने से
वह अंकुरित होता है क्या
सच्चा बीज वृक्ष होने के समान?
श्रद्धा सन्मार्ग और भक्ति जहाँ नहीं है वहाँ
गुरुभक्ति, शिवलिंग पूजा, चरसेवा
ये त्रिविध इधर ही रह जाते हैं।
फिर निजवस्तु की खबर आपको कहाँ मिलेगी?
इसलिए एन्नय्य प्रिय इम्मडि निष्कळंक मल्लिकार्जुन में
विश्वास रखना चाहिए॥ 3॥

छोटे सिक्के के लिए लड़कर सोने को खोना क्यों?
छलकते भरे घड़े को तोड़कर गिराना क्यों?
तुम्हारे अंग में गुरु से प्रदत्त लिंग रूपी चिह्न के रहते
उस निजलिंग में ऐक्य होना न जानकर,
तंग गली में जाने की गड़बड़ी क्यों?
आप जहाँ खड़े रहे वहाँ गिरा दें गहने को,
बाहर याद कर ढूँढ़ने से नहीं मिलेगा।
तो वह फिर अपने को मिलेगा क्या?
महान घन लिंग तुम्हारे अंग में जब है तो देखा, न देखा
ऐसे तुम्हारे सन्देह को दूर कर लो
एन्नय्य प्रिय इम्मडि निष्कळंक मल्लिकार्जुन॥ 4॥

हाथ में ज्योति पकड़कर अँधेरा है ऐसा क्यों कहते हो?
पारस रस हाथ में रखकर कुली का काम क्यों करे?
क्षुधा मिटने पर रुचिकर अन्न का पाथेय क्यों ढोना?
नित्य-अनित्य को जानकर भी,

मर्त्य-कैलास की बात करना भक्तों के लिए योग्य नहीं।
एक मन से दृढ़ निश्चय होने पर इधर-उधर भटकना क्यों?
उस निरे शून्य के प्रकाश को तुम आप देख लो
एन्नय्य प्रिय इम्मडि निष्कळंक मल्लिकार्जुन में॥ 5॥

दुकूलादि वस्त्रों में
सुवर्ण आदि गहनों में
मोती रत्न आदि आश्माओं में
चंदन आदि सुगन्धों में
पालकी, छत्र-चामर हाथी-घोड़े आदि
अपने वैभव सुखों को लिंग के लिए ऐसा समझकर
माननेवाले की स्थिति हिमशिला देखते-देखते पानी होने के समान है।
आसमान का वर्ण नाना चित्रों में शोभित होकर
आँखें बन्द कर खोलने के पहले ही
उसका सौन्दर्य न मिटे ऐसा रहना चाहिए।
यह लिंग को समझकर भोगोपयोग करनेवाले का संग सुख है।
निराकार का निश्चय है
एन्नय्य प्रिय इम्मडि निष्कळंक मल्लिकार्जुन लिंग में
घनीभूत परमसुख है॥ 6॥

जल, थल के बिना रह सकता है क्या?
बीज आधार के बिना अंकुरित हो सकता है क्या?
ज्ञान को क्रिया के बिना समझा जा सकता है क्या?
चित्त ज्ञान स्वरूप के बिना वस्तु को देख ग्रहण कर सकता है क्या?
इस प्रकार क्रिया ज्ञान सम्बन्ध भक्त की साधना का प्रमुख स्थल है
एन्नय्य प्रिय इम्मडि निष्कळंक मल्लिकार्जुन में दोनों स्थल भेद हैं॥ 7॥

बोल सारे महाप्रसंग होने पर
अगणित वेद, असंख्य शास्त्र,
आदि-अन्त-मध्य रहित पुराण पढ़ना क्यों?
तलवार की रक्षा हो तो उसे अन्य शस्त्र का भय क्यों?
बाण रूपी चर्म कवचवाला बाण से घायल क्यों होता?

शब्द मुग्ध को उसकी इच्छा की बात करके मन बिगाड़ँ क्यों?
वह अपनी स्वयं बुद्धि से है या नहीं कहने साक्षी होता है।
प्रकाश के मुँह से प्रकाश की कांति को समझने की भाँति
अपने एन्नय्य प्रिय इम्मडि निष्कळंक मल्लिकार्जुन में
भेदभाव के बिना तुम अपने को जान लो॥ ४॥

# अर्थ निर्देश

## गुरु

गुरु को सामान्यत: स्पर्श-मणि की उपाधि दी गई है; जो लौह समान शिष्य को अपने स्पर्श से कंचन बना देता है। लिंगायत के अनुसार गुरु ज्योति-स्वरूप होता है और जब शिष्य को अनुगृहीत करता है तो शिष्य में ज्योति जगाता है, अपने समान शिष्य को भी ज्योतिर्मय बना देता है। दीक्षागुरु, शिक्षागुरु और मोक्षगुरु के रूप में गुरु के तीन आयाम होते हैं। लिंगायत में ज्ञान प्राप्ति के बाद गुरु-शिष्य समान होते हैं।

## लिंग

लिंग का तात्त्विक अर्थ परतत्त्व, सच्चिदानन्द स्वरूप दीक्षा देते समय, गुरु भक्त को लिंग देता है। मन्दिर में स्थापित लिंग को लिंगायत स्थावर कहते हैं, जो जड़ है इसलिए उसकी आराधना तिरस्कृत है। इष्टलिंग पूजा शिवयोग या लिंगांग सामरस्य कहलाती है।

## जंगम

जंगम जीव उन्मुक्त होते हैं और भक्तों को आध्यात्मिक और विवेक साधना में मार्गदर्शन करते हुए पर्यटन करते रहते हैं। जंगम चैतन्य, चलनशील, परिवर्तनशील समाज का प्रतीक भी है।

## प्रसाद

गुरु लिंग या जंगम का दिया हुआ सब कुछ प्रसाद अर्थात् पवित्र है, स्वीकार योग्य है। व्यक्ति जो भोग रहा है उसे यदि इस समाज का दिया हुआ मानता है, तो वस्तु योग की पवित्रता बढ़ती है। प्रसाद का शाब्दिक अर्थ भी देवार्पित वस्तु है।

## दासोह

विनयभाव से प्रामाणिक परिश्रम करना और अर्जित धन या वस्तु को अधिक संग्रह न कर सामाजिक हित के लिए देना दासोह है। इसमें देनेवाला अहम से मुक्त है और लेनेवाला हीनभाव से मुक्त है।

## अष्टावरण

आध्यात्मिक क्षेत्र में शिवयोग के सत्-चित्-आनन्द की प्राप्ति के लिए भक्त के लिए अष्टावरण का आयोजन किया गया है। साधना के लिए भक्त की अष्ट-आवरणों के रूप में ये तत्त्व भक्त की रक्षा करते हैं। ये हैं—गुरु, लिंग, जंगम, पादोदक, प्रसाद, विभूति, रुद्राक्षी, मंत्र।

## पंचाचार

भक्त की साधना के लिए पाँच आचारों का निश्चय किया गया है। वे हैं—लिंगाचार, सदाचार, शिवाचार, भ्रत्याचार और गणाचार।

## षट्स्थल

शिवयोग साधना में भक्त के विकास के लिए छह आयामों का आयोजन है, जो इस प्रकार है—भक्तस्थल, माहेश्वरस्थल, प्रसादीस्थल, प्राणलिंगि स्थल, शरणस्थल और ऐक्यस्थल।

तात्त्विक दृष्टि से अष्टावरण अध्यात्म की पंचाचार समाजमुखी आचार संहिता या संविदा का द्योतक है। षट्स्थल साधना ऊर्ध्वमुखी विकास की यात्रा है।